Muebles de casa

Mobili per la casa

Home furniture

Coordinación y redacción • *Coordinazione e redazione* • **Coordination and text**
Agnès Gallifa Hurtado

Director Editorial • *Direttore Editoriale* • **Editorial Director**
Nacho Asensio

Diseño y maquetación • *Design e grafica* • **Design and layout**
Carlos Gamboa Permanyer

Traducción • *Traduzione* • **Translation**
Laura Renzetti (italiano)
David Hall (English)

Producción • *Produzione* • **Production**
Juanjo Rodríguez Novel

Publicado por: Atrium Group de
ediciones y publicaciones, S.L.
C/ Ganduxer, 112
08022 Barcelona

Telf: +34 932 540 099
Fax: +34 932 118 139
e-mail: atrium@atriumgroup.org
www.atriumbooks.com

ISBN: 84-96099-43-1
Dep. Leg: B-728-2004

Impreso en España
Ferré Olsina, S.A.

Publicado por: Atrium Group de
ediciones y publicaciones, S.L.
C/ Ganduxer, 112
08022 Barcelona

Telf: +34 932 540 099
Fax: +34 932 118 139
e-mail: atrium@atriumgroup.org
www.atriumbooks.com

ISBN: 84-96099-43-1
Dep. Leg: B-728-2004

Stampato in Spagna
Ferré Olsina, S.A..

Publicado por: Atrium Group de
ediciones y publicaciones, S.L.
C/ Ganduxer, 112
08022 Barcelona

Telf: +34 932 540 099
Fax: +34 932 118 139
e-mail: atrium@atriumgroup.org
www.atriumbooks.com

ISBN: 84-96099-43-1
Dep. Leg: B-728-2004

Printed in Spain
Ferré Olsina, S.A.

Muebles de casa

Mobili per la casa

Home furniture

Índice

Indice

Contents

Introducción

Una casa es, frente al mundo, el espacio íntimo para el hombre; frente al universo, se convierte en reflejo del espíritu del que la habita. Por este motivo, podríamos identificar tantas tipologías de casa, como modos de vida existen. Ya que, en definitiva, cada casa aspira reunir todas aquellas instalaciones necesarias para que sus habitantes puedan alojarse a su manera.

De este modo, como símbolo de la ausencia de sus habitantes, el mobiliario ayuda a entender la vida que en cada vivienda se desarrolla. Los espacios rústicos sugieren necesidad de calidez, de cobijo. La decoración minimalista, la búsqueda de esencias. El blanco, luz, aire. Las plantas abiertas, comunicación, libre circulación. Cada mueble es, entonces, resultado de una elección. De la elección de un modo de vida, de un modo de ser. Pues, el mobiliario, como producto de la actividad humana, actúa como un eslabón más en la cadena de las manifestaciones culturales que reflejan los diversos modos de vida del hombre a lo largo del tiempo. El estudio de los muebles resulta ser de gran utilidad para conocer la idiosincrasia de una sociedad determinada. Su forma y tipología reflejan aspectos sociales de la más variada índole que van desde las corrientes del pensamiento que se difunden por ella, hasta sus condiciones de vida, gustos, usos y costumbres, tipos de hábitat, moda e, incluso, la personalidad de un gobernante.

Así, en el momento de crear un ambiente propio, cada cual tiende a buscar su armonía. Inventar una casa y decidir como vamos a decorarla puede convertirse en un viaje de búsqueda. Es en este momento cuando colores, luces, texturas y formas entran en escena, ya que nuestro juego tiene por finalidad encontrar un espacio con el que podamos identificarnos.

Muebles de Casa se ha planteado como una visita por todas las dependencias de una casa. Estudiando las últimas propuestas de los diseñadores industriales, interioristas, arquitectos y decoradores especializados, *Muebles de Casa* pretende convertirse en un pequeño diario de ruta, en una memoria de viajero capaz de ofrecer consejos que puedan resultar de gran utilidad en el momento de decorar una casa nueva o de reformar una antigua vivienda.

En una sociedad excesivamente tecnificada y basada en el gusto por lo efímero, por el «usar y tirar», un libro como el que presentamos adquiere toda su importancia, teniendo en cuenta que el mobiliario de una casa ya no acompaña a generaciones enteras a lo largo de sus vidas, sino que deja influenciarse por modas y tendencias y suele cambiarse muy a menudo.

Como ocurre al entrar en una vivienda, *Muebles de Casa*

se ha estructurado de fuera a dentro, del exterior al interior, del mundo a las dependencias íntimas del hogar. Por este motivo, el primer capítulo trata de las zonas de circulación de una casa. El recibidor, los pasillos y las escaleras son espacios de tránsito que posibilitan la fluidez y la comunicación entre todas las dependencias de una vivienda. Aunque en el momento de decorar un hogar suele centrarse toda la atención en otras habitaciones consideradas de más importancia, embellecer los recibidores, los pasillos y las escaleras como se merecen permite ofrecer una buena primera impresión del hogar.

Los salones y los dormitorios han sido considerados las habitaciones de más relevancia en una vivienda. Sin embargo, por sus funciones, son estancias de carácter opuesto. El salón se decora para ofrecer un ambiente de comodidad a los habitantes de una vivienda y un entorno de acogida a huéspedes y amigos. En cambio, el dormitorio es el espacio íntimo por excelencia, donde dormimos y descansamos.

Las cocinas y los baños suelen llevarse una parte muy importante del presupuesto invertido en la decoración de una casa. Son estancias reservadas al cuidado del cuerpo, a nuestra higiene y a satisfacer nuestro apetito. Baños y cocinas, considerados hasta hace poco dependencias «vergonzosas», retoman espacios relevantes del hogar con una personalidad nueva.

Aunque no sean consideradas estancias esenciales en la vivienda, también hemos incluido un capítulo para los despachos y los muebles de exterior. Los estudios y los despachos son los espacios de la casa reservados al trabajo intelectual. Y los jardines, en cambio, son la parte abierta al exterior. Hemos reservado, para concluir el libro, un capítulo sobre el diseño de la iluminación, pues si sabemos escoger una luz adecuada, ésta sabrá mostrarnos las posibilidades ilimitadas de nuestro mobiliario.

El libro que presentamos pretende convertirse en una galería de nuevas tendencias. Como si de un inventario de propuestas se tratara, les invitamos a recorrer la trayectoria que les hemos preparado. De la mano de los especialistas más prestigiosos del sector: pasen y tomen ideas.

Introduzione

Una casa è lo spazio intimo dell'uomo; rispetto al mondo esterno è il suo spazio più intimo e diventa il riflesso dello spirito di chi vi abita. Per questo motivo, si possono identificare tante tipologie di casa, quanti sono gli stili di vita che esistono. Infatti, in definitiva, ogni casa aspira a riunire tutte le installazioni necessarie agli abitanti della stessa affinché questi possano sistemarvisi come meglio credono.

Quindi, il mobilio, come simbolo dell'essenza dei suoi abitanti, aiuta a comprendere lo stile di vita che appartiene ad ogni casa. Gli spazi rustici ad esempio suggeriscono la necessità di calore, di rifugio mentre invece la decorazione moderna suggerisce la ricerca delle essenze. Il bianco, suggerisce la luce e l'aria; gli spazi aperti, la comunicazione e la libera circolazione. Insomma, ogni mobile è il risultato di una scelta specifica, della scelta di un modo di vivere, di un modo di essere. Il mobilio, come prodotto dell'attività umana, agisce da anello di unione nella catena delle manifestazioni culturali e riflette i diversi stili di vita dell'uomo nel tempo. Lo studio dei mobili è di gran utilità per conoscere l'idiosincrasia di una società determinata. Le loro forme e tipologie sono il riflesso degli aspetti sociali di diversa indole che vanno dalle correnti di pensiero che si diffondono attraverso esso, fino a tipo di vita, gusti, usi e costumi, habitat e moda.

Quando ci si trova a dover creare un ambiente proprio, ognuno tende a cercare di ricreare nella propria abitazione ciò che intende per armonia. Inventare una casa e decidere come decorarla può diventare un vero e proprio viaggio di ricerca. È in questo momento quando i colori, le luci, i tessuti, le forme entrano in scena, giacché questo gioco ha lo scopo di creare uno spazio con cui ci si possa identificare.

Mobili per la casa è stato pensato come una visita attraverso tutte le stanze di una casa. Studiando le ultime proposte dei disegnatori industriali, degli interioristi, degli architetti e dei decoratori specializzati, *Mobili per la casa* pretende diventare un piccolo diario di un itinerario, la memoria di un viaggiatore in grado di offrire consigli che possono essere di grande utilità per coloro i uqali devono decorare una casa nuova o ristrutturarne una antica. In una società che si basa in eccesso sulla tecnologia e sul gusto per l'effimero, sul concetto di "usa e getta", un libro come quello che presentiamo acquisisce molta importanza, se si considera che il mobilio di una casa non ci accompagna più lungo tutta la vita come avveniva per le generazioni precedenti, ma varia costantemente a seconda delle influenze della moda e delle nuove tendenze.

Come avviene quando si entra in una abitazione, *Mobili per la casa* è stato strutturato partendo dall'esterno verso l'interno, da fuori a dentro, dal mondo esterno alle dipendenze più intime della casa. Per questa ragione, il primo capitolo si occupa delle zone di circolazione di una casa. L'anticamera, i corridoi e le scale sono spazi di transito che rendono fluido il passaggio e la comunicazione tra le diverse camere di una casa. Sebbene nel decorare una casa di norma si focalizzi l'attenzione su altre camere considerate più importanti, decorare le anticamere, i corridoi e le scale come meritano, consente di offrire agli ospiti una buona impressione della casa.

I saloni e le camere da letto sono state considerate come le camere di maggior rilevanza in una casa. Tuttavia, per le loro funzioni, sono stanze di carattere opposto. Il salotto si decora per offrire un ambiente di comodità agli abitanti di una casa e un ambiente gradevole per gli ospiti e amici mentre invece la camera da letto è lo spazio intimo per eccellenza, dove si dorme e si riposa.

Le cucine e i bagni di norma svolgono un ruolo parte importante nel momento di definire il preventivo per la decorazione di una casa. Sono stanze riservate alla cura del corpo, all'igiene e a soddisfare il nostro appettito. I bagni e le cucine, considerate fino a qualche tempo fa stanze molto poco importanti, acquisiscono oggi spazi rilevanti nella casa con una nuova personalità. Inoltre, sebbene non siano certo considerate camere essenziali, abbiamo inserito un capitolo dedicato esclusivamente agli uffici e ai mobili per esterni. Gli studi e gli uffici sono le aree della casa riservate al lavoro intellettuale; i giardini invece costituiscono la parte dell'abitazione che da all'esterno. Inoltre, come conclusione a questo lavoro abbiamo inserito anche un capitolo dedicato all'illuminazione. Ogni luce infatti conferisce un aspetto diverso al mobilio; di conseguenza le possibilità dei nostri mobili diventano infinite se sappiamo scegliere la adeguata.

Il libro che presentiamo vuole essere una galleria di nuove tendenze; quasi si trattasse di un inventario di proposte, vi invitiamo a percorrere l'itinerario che vi abbiamo preparato insieme agli specialisti più apprezzati del settore. Leggetelo e fate vostre alcune delle idee che qui troverete.

Introduction

A house, in terms of the world, is an intimate human space; in universal terms, it becomes the reflection of the spirit of those who live in it. This is why we can distinguish as many different types of home as there are ways of life. In the end each home attempts to bring together all the features necessary for its residents to be able to live in it in their own way.

In this way, as a symbol of the essence of the residents, furniture helps us to understand the life that goes on in each home. The classic home suggests a need for a sense of warmth and shelter. Minimalist decoration, the quest for the essential. Whiteness, light, air. Open plan spaces, communication, freedom of movement. Each piece of furniture is, thus, the result of a choice. The choice of a way of life, a way of being. Thus, furniture, as a product of human activity, acts as another link in the chain of cultural products that reflect the different forms of human life down through the ages.

The study of furniture is extremely useful for what it can teach us about the characteristics of a particular society. The different forms and types of furniture reflect a wide variety of aspects of the life of a society, ranging from the schools of thought that are prevalent in it, to living conditions, tastes, customs, types of dwelling, fashion and even the personality of a ruler.

So, when the time comes to create one's own environment, each person tends to look for a kind of personal harmony. Making a home and deciding how we are going to decorate it can turn into a kind of voyage of exploration. This is the moment when colors, lights, textures and forms come on the scene, since the goal of our quest is to find a place that we can identify with.

Home Furniture is conceived as a visit to the different parts of a house. By studying the latest ideas of industrial designers, interior decorators, architects and specialised decorators, *Home Furniture* attempts to become a kind of logbook, a traveller's diary that can offer advice that can be very useful when decorating a new house or doing up an old home. In a society that is obsessed with technology and based on a taste for the ephemeral, for things that can be "used and thrown away", a book like this one takes on even more importance if we take into account that the furniture in a home no longer accompanies whole generations through their entire lives but is, on the other hand, influenced by fashions and trends and subject to frequent change.

In the same way as we go into a house, the structure of *Home Furniture* goes from the outside in, from exterior to interior, from the world outside to the intimate corners of the home. For this reason, the first chapter deals with the parts of a house where people circulate. The entrance hall, the corridors and stairways are areas of transit that connect all the parts of a dwelling. Though at the moment of decorating a home attention tends to be concentrated on other parts that are consid-

ered to be more important, beautifying the entrance hall, corridors and stairs as they deserve makes it possible to create a good first impression of the home. Living rooms and bedrooms have always been considered the most important rooms in a house. However, in terms of function they are of a totally different nature. The living room is decorated to provide a comfortable environment for the people living in the home and to offer a welcoming space for guests and friends. The bedroom, on the other hand, is an intimate space, where we sleep and rest.

Kitchens and bathrooms tend to demand an important part of the investment in the decoration of a house. These are rooms devoted to the care of the body, to personal hygiene and to satisfy our appetite. Bathrooms and kitchens, until not

so very long ago considered rather "embarrassing" areas, have now become important parts of a home, with a new personality.

Although they may not be considered essential parts of a residence, we have also included chapters on offices and outdoor furniture. Studies and offices are areas in the house set aside for intellectual work. Gardens, on the other hand, are the part that is open to the outdoors. To finish the book we have reserved a chapter on design for lighting, since if we know how to choose the right kind of lighting, it will be able to show us the limitless possibilities of our furniture.

The book that we are presenting here attempts to serve as a kind of gallery of the latest trends. Taking it as an inventory of suggestions, we invite you to follow the route we have planned for you. Guided by the most prestigious specialists in the field, come in and take a few ideas.

Recibidores, escaleras y pasillos

Entrance halls, stairways and corridors

Anticamere, scale e corridoi

Al decorar una casa es muy común centrar la atención en aquellas dependencias, como el comedor o los dormitorios, que parecen otorgar, por su importancia, todo el carácter a una vivienda. Sin embargo, saber dar la atención que se merece a las zonas de paso de una casa permitirá una circulación cómoda y fluida entre todas las estancias del hogar.

El recibidor es lugar de entrada y de salida de la vivienda, el espacio en el que damos la bienvenida a nuestros visitantes, la estancia de transición que conduce a las demás dependencias. Como tal, conviene decorar el recibidor otorgándole un estilo personal que cause una buena impresión a los huéspedes y, sobre todo, a los habitantes de la casa.

El pasillo es otro de los lugares de paso. Conviene no sobrecargar el ambiente, de manera que podamos transitar cómodamente de una estancia a otra. Normalmente, el pasillo suele estar desprovisto de luz natural. Así, es aconsejable utilizar apliques de pared que eviten que el pasillo sea un túnel siniestro y oscuro y, a la vez, no entorpezcan el espacio.

Finalmente, por su función, las escaleras constituyen otro elemento estructural de la casa que permite acceder a pisos inferiores o superiores. Aunque durante muchos años la escalera se consideraba, solamente por su valor pragmático las tendencias modernas en decoración señalan las múltiples posibilidades estéticas que éstas nos permiten.

Di solito la decorazione della casa focalizza l'attenzione in determinate aree, come la sala da pranzo o le camere da letto, nella convinzione che queste diano, per la loro importanza, il vero e proprio carattere della casa. Tuttavia bisogna saper dare alle zone di passaggio l'attenzione che si meritano visto che consentono una circolazione comoda e fluida tra le varie stanze dell'abitazione.

L'ingresso è il luogo di entrata e uscita dalla casa, lo spazio in cui si ricevono gli ospiti, la stanza di transizione che conduce alle altre camere. Come tale, conviene decorare la hall con uno stile personale che faccia una buona impressione sugli ospiti e, sopratutto, sui padroni di casa.

Il corridoio è un altro dei luoghi di passaggio. Si consiglia di evitare di sovraccaricare l'ambiente in modo tale da spostarsi comodamente da una stanza all'altra. Normalmente, il corridoio è privo di luce naturale, di conseguenza è bene utilizzare faretti a muro che evitino la sensazione di un tunnel scuro e che allo stesso tempo non blocchino il passaggio.

Infine, per la loro funzione, le scale costituiscono un altro elemento strutturale della casa che consente di accedere ai piani inferiori o superiori. Sebbene per diversi anni la scala sia stata considerata solamente per il suo valore pratico, le tendenze moderne in decorazione ne suggeriscono le molteplici possibilità estetiche prima non riconosciute.

In decorating a house it is quite common to focus attention on rooms like the living room or bedrooms that, given their functional importance, seem to give the residence its particular character. Nonetheless, knowing how to give the house's areas of transit the attention they deserve will facilitate comfortable and easy movement between the different parts of the house.

The entrance hall is the place where people come into and go out of the residence, the area where we welcome our visitors, the transitional area that leads to the other rooms. As such, it is a good idea to decorate the entrance hall in a way that gives it a personal style that makes a good impression on guests and, most importantly, on the people who live in the house. The corridor is another transit area. It is important not to make it too crowded, so that we can move comfortably from one room to another. Normally, the corridor tends to be without natural light. Thus it is advisable to use wall lights that prevent the corridor becoming a gloomy, dark tunnel and at the same time do not create an obstacle in the area.

Finally, due to their function, stairways form another basic structural element of the house, making it possible to reach upper or lower floors. Though for many years stairways were considered only in purely practical terms, modern decorative trends point to the variety of aesthetic possibilities that they offer.

Recibidores

El recibidor es el punto inicial de toda la vivienda. Es el espacio neutro entre el exterior de nuestra casa y nuestro espacio íntimo. Es el lugar donde recibimos a huéspedes y amigos. Así, aunque sea una zona de transición hacia otras estancias, conviene que el recibidor muestre una buena primera impresión del hogar.

Anticamere

L'anticamera è il punto iniziale della casa, è lo spazio neutro tra l'esterno e l'interno della nostra casa e il nostro spazio intimo. È il luogo in cui si ricevono gli ospiti e gli amici. Quindi, sebbene si tratti di una zona di transizione verso altre stanze, è importante che dia una buona impressione della casa.

Entrance halls

The entrance hall is the starting point in any home. It is the neutral space between the outside of our house and our intimate space. It is the place where we greet guests and friends. So, although it is an area of transit to other parts of the house, it is advisable for the entrance hall to provide a good first impression of the home.

Recibidor diseñado para las colecciones Hülsta.

Ingresso disegnato per le collezioni Hülsta.

Entrance hall designed for the Hülsta collections.

Hänge Container, diseñado por Marcus
Botsch para Nils Holger Moormann.

*Hänge Container, disegnato da Marcus
Botsch per Nils Holger Moormann.*

**Hänge Container, designed by Marcus
Botsch for Nils Holger Moormann.**

En la página siguiente, recibidor
de Hülsta.

*Nella pagina successiva, ingresso
di Hülsta.*

**On the following page, entrance hall
by Hülsta.**

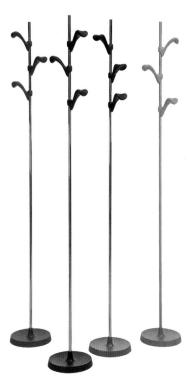

En página anterior, recibidor amplio y luminoso diseñado para Hülsta.

Nella pagina precedente, ingresso ampio e luminoso disegnato per Hülsta.

On the previous page, a spacious, bright entrance hall designed for Hülsta.

Colgador Albera, diseñado por Prospero Rasulo para BRF.

Appendiabiti Albera, disegnato da Prospero Rasulo per BRF.

Albera rack, designed by Prospero Rasulo for BRF.

Fish, diseñado por C. Pillet, para Costantino.

Fish, disegnato da C. Pillet, per Costantino.

Fish, designed by C. Pillet, for Costantino.

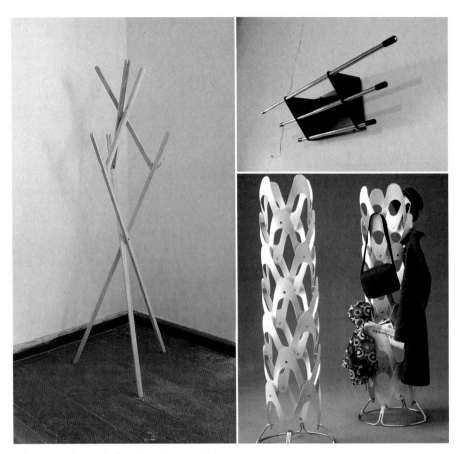

En la parte superior, Hut Ab, diseñado por Konstantin Grcic.
A la derecha, Servofix, de Hanspeter Weidmann. Ambos colgadores
pertenecen a la colección de Nils Holger Moormann.

*Nella parte superiore, Hut Ab, disegnato da Konstantin Grcic. A destra,
Servofix di Hanspeter Weidmann. Entrambi gli appendiabiti fanno parte
della collezione di Nils Holger Moormann.*

**Above, Hut Ab, designed by Konstantin Grcic.
On the right, Servofix, by Hanspeter Weidmann. Both hangers
belong to the Nils Holger Moormann collection.**

A la derecha, colgador Spiga, diseñado por Ubald Klug para Röthliberger.

A destra, appendiabiti Spiga, disegnato da Ubald Klug per Röthliberger.

On the right, Spaga hanger, designed by Ubald Klug for Röthliberger.

En la página siguiente,
butacas Malena de la colección Stua.
Se ha prescindido de la mesa de centro
y se ha optado por una mesa auxiliar
Summa.

Nella pagina successiva,
poltrone Malena della collezione Stua.
È stato eliminato il tavolo centrale
e si è optato per un tavolo ausiliare
Summa.

On the following page,
Malena armchairs form the Stua
collection. The center table has
been left out and replaced by a
Summa side table.

Recibidor Columbus, diseñado para Trip Trap.

Ingresso Columbus disegnato per Trip Trap.

Columbus entrance hall, designed for Trip Trap.

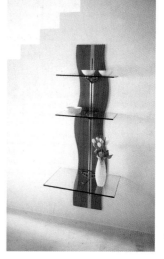

Helix, de Prealpi.

Helix, di Prealpi.

Helix, by Prealpi.

En la decoración de este hall de entrada se ha optado por el mueble de aluminio Atlas. La lámpara Kokoro, de Ingo Maurer, está realizada a mano. De Stua.

Nella decorazione di questa hall di entrata è stato scelto un mobile in alluminio Atlas. La lampada Kokoro di Ingo Maurer è stata fatta a mano. Di Stua.

An Atlas aluminum chest of drawers has been chosen in decorating this entrance hall. The Kokoro lamp, by Ingo Maurer, is handmade. By Stua.

En la página siguiente, recibidor diseñado para la colección Hülsta.

Nella pagina successiva, vestibolo disegnato per la collezione Hülsta.

On the following page, entrance hall designed for the Hülsta collection.

La silla Crazy, elemento esencial de este recibidor, ha sido diseñada por Vicente Soto para Paco Capdell.

La sedia Crazy, elemento essenziale di questo vestibolo, è stata disegnata da Vicente Soto per Paco Capdell.

The Crazy chair, the essential element in this entrance hall, was designed by Vicente Soto for Paco Capdell.

En las páginas anteriores y en la parte superior,
recibidores diseñados para la colección Hülsta.

*Nelle pagine precedenti e nella parte superiore,
ingressi disegnati per la collezione Hülsta.*

On previous pages and above, entrance halls
designed for the Hülsta collection.

En la página siguiente, el uso de distintos colores
es el único elemento que distingue el recibidor del comedor.

*Nella pagina successiva, l'utilizzo di diversi colori è l'unico elemento
che contraddistingue l'ingresso dalla sala da pranzo.*

On the following page, the use of different colors
is the only element that differentiates the entrance hall
from the living room.

Decorar un hall de entrada
en blanco es una manera suave
de recibir a nuestros huéspedes.

*Decorare una hall di entrata
di bianco è un modo discreto di
accogliere gli ospiti.*

An entrance hall decorated in
white is a gentle way to greet
our guests.

Recibidor de la colección Medicea,
de Faber Mobili.

*Ingresso della collezione Medicea,
di Faber Mobili.*

Entrance hall from the Medicea
collection, by Faber Mobili.

Iseppo, diseñado por Brunati Zerbaro
Carollo, es un módulo
de persiana, equipado con cajones
y baldas. De Malofancon.

*Iseppo, disegnato per Brunati Zerbaro
Carollo, è un modùlo
a persiana, equipaggiato con
cassettoni e mensole.
Di Malofancon.*

Iseppo, designed by Brunati
Zerbaro Carollo, is a piece with
sliding doors, equipped
with drawers and shelves.
By Malofancon.

A menudo, jugando con distintos muebles de reciclaje puede conseguirse un recibidor original.

Spesso giocando con diversi mobili di riciclaggio è possibile ottenere un ingresso originale.

The combination of different recycled pieces of furniture can often result in the creation of an original entrance hall.

Una lámpara de hierro forjado, un sofá con cierto aire modernista y una foto antigua. El suelo de barro cocido y las vigas de madera. Elementos que aportan calidez a este recibidor rústico.

Una lampada in ferro battuto, un divano dall'aria liberty e una vecchia fotografia. Il pavimento di cotto e le travi in legno; sono tutti elementi che portano calore a questo ingresso rustico.

A wrought iron chandelier, a sofa with a certain Art Nouveau air and an old photograph. Terra cotta floor and wood beams. Elements that give warmth to this antique style entrance hall.

A la izquierda, mueble diseñado para la colección Faber.

A sinistra, mobile disegnato per la collezione Faber.

On the left, a chest designed for the Faber collection.

En la página siguiente, recibidor decorado al estilo campestre.

Nella pagina successiva, vestibolo decorato in stile rustico.

On the following page, an entrance hall decorated in a rustic style.

El estilo clásico continuará siempre vigente para la decoración de recibidores. Sin embargo, es común utilizar elementos como el color o la luz para modernizar el ambiente.

Lo stile classico è sempre vigente per ciò che riguarda la decorazione delle hall. Tuttavia, è molto comune utilizzare elemeni quali il colore o la luce per rendere più moderno l'ambiente.

The classic style will always be valid for decorating entrance halls. However, it is very common to use elements like color or light to give them a modern touch.

Recibidor de Faber Mobili.

Vestibolo di Faber Mobili.

Entrance hall by Faber Mobili.

El blanco, la escalera decorada con antiguos azulejos y una alfombra de yute son protagonistas de este recibidor con sabor a mar Mediterráneo.

Il bianco, la scala decorata con vecchie piastrelle e un tappeto di yuta sono i protagonisti di questa hall che ricorda il mar Mediterraneo.

The white, the stairs decorated with old-fashioned tiles and a jute rug dominate the scene in this entrance hall with a Mediterranean flavour.

La fragilidad de la luz de unas velas transforman estos recibidores en espacios delicados y cálidos.

La fragilità della luce delle candele trasforma queste hall in ambienti delicati e caldi.

Fragile candlelight transform these entrance halls into warm and delicate areas.

En ambas fotografías, las puertas revestidas de madera
y las paredes de piedra consiguen crear un ambiente
propio de las casas de montaña.

In entrambe le fotografie, le porte rivestite in legno
e le pareti di pietra riescono a creare un ambiente
tipico delle case di montagna.

In both photographs the wooden doors and stone walls
succeed in creating the atmosphere of a house
in the mountains.

Escaleras

No se debe desaprovechar el sinfín de posibilidades estéticas que permite la decoración de una escalera. Así, con el fin de superar su simple funcionalidad, un poco de creatividad e imaginación podrán ayudarnos a reconocer el valor de estos pequeños rincones. La parte inferior de la escalera y su punto intermedio suelen ser los puntos clave donde exponer algún objeto artístico o alguna planta. Sin embargo, las escaleras circulares, además de economizar el espacio, ofrecerán posibilidades decorativas más variadas.

Scale

Non bisogna sprecare l'infinità di possibilità estetiche che offre la decorazione di una scala. Di conseguenza, allo scopo di superare la sola funzionalità, un po' di creatività e immaginazione aiuteranno a riconoscere il valore di questi piccoli angoli. La parte inferiore della scala e il suo punto intermedio sono i punti chiave dove esporre qualche oggetto artistico o qualche pianta. Tuttavia, le scale circolari, oltre ad economizzare lo spazio, offrono possibilità decorative più variate.

Stairways

The endless aesthetic possibilities that the decoration of the stairways offer should not be neglected. To go beyond simple functionalism, a bit of creativity and imagination can help us to recognise the value of these little corners. The bottom of the stairs and their halfway point tend to be the key spots in which to display an art object or plant. Nonetheless, circular stairways, besides economising on space, will offer the most varied decorative possibilities.

Recibidor decorado para la colección Hülsta.

Ingresso decorato per la collezione Hülsta.

Entrance hall decorated for the Hülsta collection.

El interiorista Cesc Solà ha elegido como protagonista de esta estancia a una escalera de madera esbelta y ligera. Además de dividir ambientes, ésta irrumpe en el centro de la sala como si de una escultura se tratara.

L'interiorista Cesc Solà ha scelto come protagonista di questa stanza una scala in legno sottile e leggero. Oltre a dividere gli ambienti, questa interrompe il centro della sala come se si trattasse di una scultura.

Interior decorator Cesc Solà chose a slim, lightweight stairway of wood as the focal point of this space. Besides separating the environments, it dominates the center of the room, as if it were a sculpture.

A la izquierda, recibidor decorado por Zeitraum.

A sinistra, hall decorata da Zeitraum.

On the left, entrance hall decorated by Zeitraum.

Cuando las dimensiones del espacio son reducidas es fundamental saber optimizar el espacio. Las escaleras sin contrahuella permiten la conexión visual con otros ambientes, además del paso de la luz.

Quando le dimensioni dello spazio sono molto ridotte è importante saper ottimizzare lo spazio. Le scale senza il piano verticale del gradino consentono il collegamento visivo con altri ambienti, oltre a lasciar passare la luce.

When the area is of reduced size it is fundamental to know how to make best use of the space. Stairways without risers allow for visual contact with other environments as well as letting through the light.

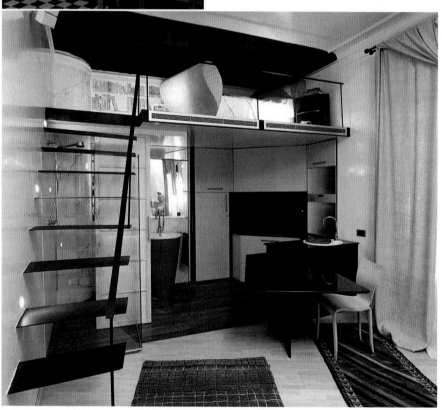

Una escalera con barandilla metálica puede combinarse
con la piedra rústica de la pared, produciendo efectos sorprendentes.

*Una scala con ringhiera metallica può combinare alla perfezione
con la pietra rustica della parete creando effetti soprendenti.*

**A stairway with metal banister can be combined
with a wall of exposed stone to create startling effects.**

En esta vivienda los elementos más modernos se han combinado con objetos de reciclaje, como el espejo. Además, por falta de espacio, una escalera hace función de biombo.

In questa casa sono stati mischiati gli elementi più moderni con oggetti riciclati, per esempio lo specchio. Inoltre, per mancanza di spazio, una scala svolge la funzione di paravento.

In this residence the most modern elements have been combined with recycled objects, such as the mirror. In addition, given the lack of space, a stairway acts as a screen.

Por razones de espacio o de economía, los pasillos han sido condenados a una posición de marginalidad en el momento de decorar una casa. Sin embargo, siendo lugares de paso obligado, conviene reconsiderarlos. Aunque su función principal sea la de comunicar las zonas interiores de una casa, ciertos teóricos del interiorismo aconsejan la posibilidad de que el pasillo desempeñe funciones prácticas para la organización del hogar, evitando la acumulación de muebles que sufren otras estancias más concurridas, como los dormitorios o los comedores.

Per ragioni di spazio o di economia, i corridoi sono stati relegati a una posizione di marginalità nel momento di decorare una casa. Tuttavia, essendo luoghi di passaggio obbligato, conviene riconsiderarli. Sebbene la loro funzione principale sia quella di comunicare le zone interne di una casa, alcuni teorici dell'interiorismo consigliano la possibilità che il corridoio svolga funzioni pratiche per l'organizzazione della casa, evitando l'accumulo di mobilio che spesso soffrono le stanze più vissute della casa, come le camere da letto o le sale da pranzo.

For reasons either of space or of economy, corridors have been relegated to last place when a house is being decorated. However, since they are places that we necessarily pass through, it is not a bad idea to reconsider them. Though their main purpose is to connect the different parts of the interior of a house, some theoreticians in interior design suggest the possibility of the corridor taking on a practical function in the organisation of the home, preventing an accumulation of furniture in other, more frequently used areas such as bedrooms or living rooms.

Si se dispone de un pasillo mínimamente ancho, puede aprovecharse para colocar muebles que nos permitan dar cabida a pequeños objetos personales.

Se avete un corridoio leggermente ampio utilizzatelo per collocarvi mobili che consentano di collocarvi piccoli oggetti personali.

If the corridor is of a certain width, it can serve as a place for pieces that can be used for keeping small personal objects.

De Hülsta.

Di Hülsta.

By Hülsta.

Modelo Lunaria, diseñado
por Próspero Rasulo para BRF.

*Modello Lunaria, disegnato
da Prospero Rasulo per BRF.*

**Lunaria model, designed
by Próspero Rasulo for BRF.**

La recuperación de viejas
viviendas, como ocurre en las
páginas siguientes,
puede ofrecernos un resultado
muy satisfactorio si se saben
decorar con buen gusto.

*Il recupero di vecchie case, come
avviene nelle pagine successive,
può offrire risultati soprendenti e
molto soddisfacenti se decorate
con buon gusto.*

**Redecorating older
residences, as shown on the
following pages, can show
results that are highly
satisfactory if one knows
how to decorate them
in good taste.**

En la parte superior, modelo Blob, diseñado por
B. Gisotti y S. Laube para BRF. En la foto de la
parte inferior, poltrona Leo, diseñada por Sintesi 2.

*Nella parte superiore, modello Blob, disegnato da
B. Gisotti e S. Laube per BRF. Nella fotografia della
parte inferiore, poltrona Leo, disegnata da Sintesi 2.*

**Above, Blob model, designed by B. Gisotti
and S. Laube for BRF. In the photo below,
a Leo armchair, designed by Sintesi 2.**

En la página siguiente,
sillas de la serie Manhattan, diseñadas
por Vicente Soto para la colección de Paco Capdell.

*Nella pagina successiva,
sedie della serie Manhattan, disegnate
da Vicente Soto per la collezione di Paco Capdell.*

**On the following page,
chairs from the Manhattan series, designed
by Vicente Soto for the Paco Capdell collection.**

Modelo de la colección Leicht.

Modello della collezione Leicht.

Model from the Leicht collection.

En la parte superior y en la página siguiente,
modelos de la colección Hülsta.

Nella parte superiore e nella pagina successiva,
modelli della collezione Hülsta.

Above and on the following page,
models from the Hülsta collection.

Si se dispone de pasillos u otras zonas de paso de dimensiones reducidas, la solución idónea es saber decorarlos con elementos esenciales que nunca sobrecarguen el ambiente.

Se vi sono corridoi o altre zone di passaggio di dimensioni ridotte, la soluzione idonea è quella di decorarli con elementi essenziali che non sovraccarichino l'ambiente.

If you have corridors and other passage areas of limited size, the ideal solution is to decorate them with essential elements that will not give the environment a look of overcrowding.

En las páginas siguientes, el armario Para, de Möller Design, es una interpretación moderna del estilo campestre clásico. La elegancia del mueble toma relevancia gracias a los tiradores diseñados por Phillip Starck.

Nelle pagine seguenti, l'armadio Para di Möller Design è una interpretazione moderna dello stile campestre classico. L'eleganza del mobile acquista rilievo grazie alle maniglie disegnate da Phillip Starck.

On the following pages the Para wardrobe, by Möller Design, is a modern interpretation of the classic style. The elegance of the piece is enhanced thanks to knobs designed by Phillip Starck.

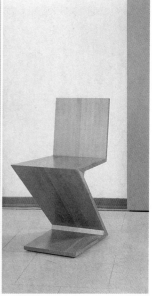

La silla Gazela es un diseño de Liévore, Altherr y Molina para Sellex. A la derecha, la silla 280 Zigzag, de GT. Rietveld, es un clásico de la prestigiosa firma italiana Cassina (foto de Andrea Ferrari). A la izquierda, modelo Nautic, de Trip Trap.

La sedia Gazela è un disegno di Liévore, Altherr e Molina per Sellex. A destra, la sedia 280 Zigzag di GT. Rietveld è un classico della prestigiosa firma italiana Cassina (fotografia di Andrea Ferrari). A sinistra, modello Nautic, di Trip Trap.

The Gazela chair is a design by Liévore, Altherr and Molina for Sellex. On the right, the 280 Zigzag chair, by GT. Rietveld, is a classic of the prestigious Italian firm Cassina (photo by Andrea Ferrari). On the left, Nautic model, by Trip Trap.

En la página siguiente, Cut, de Horm.

Nella pagina successiva, Cut, di Horm.

On the following page, Cut, by Horm.

En esta página, pasillos decorados por la firma Hülsta.

In questa pagina, corridoi decorati da Hülsta.

On this page, corridors decorated by the Hülsta firm.

En la página siguiente, aunque se disponía de un pasillo de dimensiones estrechas, los decoradores han optado por utilizar la cesta de una bicicleta como macetero.

In la pagina successiva, sebbene vi sia un corridoio dalle dimensioni ridotte, i decoratori di interni hanno optato per utilizzare il cestino di una bicicletta come vaso.

On the following page, although the corridor is narrow, the decorators have chosen to use a bicycle basket as a plant holder.

Trip Trap propone el uso de un colgador y de un banco de líneas simples para aprovechar espacios reducidos.

Trip Trap propone l'utilizzo di un appendiabiti e un bancone dalle linee estremamente semplici per approfittare degli spazi ridotti.

Trip Trap proposes using a coat rack and a bench with very simple lines to take advantage of the limited space.

Los suelos y las puertas de esta vivienda decorada por Stua están realizados en madera clara de arce, motivo por el que se elige el acabado en wengé para las butacas y la mesa, en aras a lograr un mayor contraste y riqueza.

I pavimenti e le porte di questa casa decorata da Stua sono stati realizzati in legno chiaro di acero, ragion per cui è stata scelta la rifinitura in wengé per le poltrone e il tavolo, in aree per ottenere maggior contrasto e ricchezza.

The floors and doors of this home decorated by Stua are done in light maple wood, with a wenge finish selected for chairs and table to provide a greater contrast and richness.

La combinación del azul celeste con el blanco es una actualización de la estética mediterránea para el pasillo de esta vivienda moderna.

La combinazione del blu con il bianco è una soluzione estetica mediterranea per il corridoio di questa casa moderna.

The combination of sky blue and white brings the Mediterranean aesthetic up to date for the corridor of this modern home.

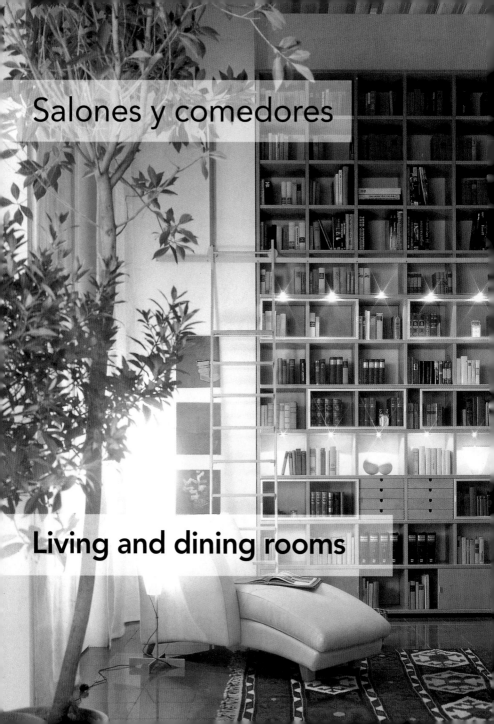

Salones y comedores

Living and dining rooms

Salotti e sale da pranzo

El salón es el centro neurálgico de toda vivienda. Es el lugar donde se reúne la familia o las personas que comparten una casa. Es el espacio donde se recibe a huéspedes y amigos. Es la estancia que nos ofrece todo su confort para descansar, leer, comer, escuchar música o ver una buena película en la televisión. Y, con la finalidad de acoger todas estas actividades, cada mueble del salón se escoge pensando en el bienestar y en la comodidad. Así, la sala de estar ha significado una de las prioridades en el momento de decorar una vivienda.

Como en las viviendas modernas no suele disponerse de espacio adicional, cada vez son menos los hogares que cuentan con un comedor independiente y el salón moderno suele convertirse en salón-comedor, en cocina-comedor o en comedor-sala de trabajo.

Debe dotarse a toda sala de estar de una mesa con asientos cómodos y contenedores para guardar todo tipo de elementos. Los sofás serán uno de los muebles más característicos del salón, ya que son símbolo del descanso y de la vida social que en ellos se desarrolla. Otro de los muebles más importantes de un salón es el mueble aparador o la vitrina. Por el espacio que ocupa, éste normalmente se coloca junto a una pared. Sin embargo, en ocasiones, puede cumplir la función de separador de ambientes, a modo de pared imaginaria que separe el comedor del salón.

Il salotto è il centro nevralgico di tutta la casa; il luogo in cui si riunisce l'intera famiglia o le persone che dividono la casa. È lo spazio dove si ricevono gli ospiti e gli amici, la stanza che offre la comodità per il riposo, la lettura, dove si pranza e cena, dove si ascolta musica o si guarda un film alla televisione. Per poter accogliere tutte queste attività, il mobilio del salotto va scelto pensando al benessere e alla comodità. Quindi il salotto è certamente una priorità quando si deve arredare una casa.

Nelle abitazioni moderne è difficile che vi sia spazio addizionale, infatti sempre più spesso si tende ad eliminare la sala da pranzo indipendente e il salotto moderno diventa un salotto-sala da pranzo, una cucina-sala da pranzo o una sala da pranzo-studio.

Ogni salotto deve avere un tavolo con sedie comode e contenitori per custodire ogni genere di oggetti. Il divano sarà uno degli elementi più caratteristici del salotto, giacché è il simbolo del riposo e della vita sociale che qui ha luogo. Un altro dei mobili importanti di un salotto è la vetrina. Questa, a causa dello spazio che occupa, di solito viene collocata vicino alla parete, anche se a volte può svolgere la funzione di separatore di ambienti, a modo di parete immaginaria che divide la sala da pranzo dal salotto vero e proprio.

The living room is the nerve center of any home. It is the place where the family or the people who share the house get together. It is the place where we receive our guests and friends. It is the part of the house that offers us a comfortable spot for relaxation, reading, eating, listening to music or watching a good film on television. And, for the purpose of hosting all these different activities, each piece of furniture is chosen with an eye to comfort and a sense of wellbeing. Thus the living room is one of the priorities when it comes time to decorate a home.

Since modern homes do not tend to have a lot of extra space available, fewer and fewer tend to have a separate dining room, and the modern living room generally becomes a living room-dining room, kitchen-dining room or dining room-work room.

Every living room should have a table with comfortable chairs and furniture to hold all sorts of items. The sofa is one of the most typical pieces in any living room, a symbol of relaxation and social relations. Another of the most important pieces in the living room is the sideboard or glass cabinet. Given the space it takes up, this piece is normally set against the wall. On occasion, however, it may serve as a division between environments, as a kind of imaginary wall that separates the dining room from the living room.

Salones clásicos y rústicos

El gusto por el estilo clásico nunca ha pasado de moda. Dentro de éste existen tendencias más pomposas y recargadas, y otras más rústicas y austeras. Sin embargo, las tendencias actuales en decoración apuestan por un nuevo estilo clásico capaz de adaptarse a las necesidades contemporáneas. Las maderas recias, los mármoles, los espejos de marcos dorados o las telas de colores intensos se encargarán de conseguirlo.

Salotti classici e rustici

Il gusto per lo stile classico non è mai passato di moda. Nell'ambito di questo genere decorativo vi sono tendenze più pompose e cariche, e altre più rustiche e austere. Tuttavia, le tendenze attuali in decorazione puntano verso un nuovo stile classico in grado di adattarsi alle necessità contemporanee. Il legno, il marmo, gli specchi con cornici dorate o le tele colorate sono gli incaricati di dare il tocco moderno.

Classic and rustic living rooms

The taste for the classic style has never gone out of fashion. Within this style there are more pompous and elaborate tendencies and others that are simpler and more austere. Current trends in decoration, however, turn to a new classic style that is capable of adapting itself to contemporary needs. Wood, marble, mirrors with gilt frames or fabrics in intense colors are the elements that work to achieve this end.

Modelo diseñado por Selva.

Modello disegnato da Selva.

Model designed by Selva.

En la parte superior y en la página siguiente, salones decorados con mobiliario de la colección Imago, de Diemo Alfons.

Nella parte superiore e nella pagina successiva, salotti decorati con mobilio della collezione Imago di Diemo Alfons.

Above and on the following page, living rooms decorated with furniture from the Imago collection, by Diemo Alfons.

Modelo diseñado por Leicht.

Modello disegnato da Leicht.

Model designed by Leicht.

Salones de diseño clásico de la colección de Faber.

Salotti di design classico della collezione di Faber.

Living rooms of classic design from the Faber collection.

En esta página y en páginas siguientes, salones de la colección May Flower diseñados por Zenia House.

In questa pagina e nelle pagine successive, salotti della collezione May Flower disegnati da Zenia House.

On this and the following page, living rooms from the May Flower collection, designed by Zenia House.

Salones de modernidad

Los salones contemporáneos son aquellos que saben absorber la esencia de todos y cada uno de los estilos de antaño con la finalidad de adaptarlos estéticamente a nuestros días. Los salones modernos se inventan a partir de la ironía, la yuxtaposición de elementos dispares, la redefinición de viejos cánones o la transgresión de convenciones.

Salotti moderni

I salotti contemporanei sono quelli che sanno assorbire l'essenza di tutti gli stili antichi adattandoli al gusto moderno più attuale. I salotti moderni vengono inventati a partire dall'ironia, dalla giustapposizione di elementi tra loro diversi, dalla ridefinizione di vecchi canoni o dalla trasgressione delle convenzioni.

Modern living rooms

Contemporary living rooms know how to absorb the essence of each and every one of the styles of years gone by in order to adapt them aesthetically to our time. Modern living rooms are created based on irony, on the juxtaposition of contrasting elements, the redefining of old standards or breaking with convention.

Salón diseñado por Hülsta.

Salotto disegnato da Hülsta.

Living room designed by Hülsta.

A la izquierda, mesa Husser, de Frank Lloyd Wright.
A la derecha, mesa Berlino, de Charles Rennie Mackintosh.
Todos los modelos pertenecen a la prestigiosa colección
Cassina I Maestri, de la firma italiana Cassina y han sido
fotografiados por Andrea Ferrari.

A sinistra, tavolo Husser di Frank Lloyd Wright.
A destra, tavolo Berlino di Charles Rennie Mackintosh.
Tutti i modelli fannp parte della prestigiosa collezione
Cassina I Maestri della casa italiana Cassina e sono stati
fotografati da Andrea Ferrari.

On the left, a Husser table, by Frank Lloyd Wright.
On the right, a Berlino table, by Charles Rennie
Mackintosh. All the models belong to the prestigious
Cassina I Maestri collection, of the Italian firm Cassina,
and have been photographed by Andrea Ferrari.

En la parte superior, salón de la colección Hülsta.
En la página siguiente, comedor de Calligaris.

Nella parte superiore, salotto della collezione Hülsta.
Nella pagina successiva, sala da pranzo di Calligaris.

Above, living room from the Hülsta collection.
On the following page, a dining room by Calligaris.

Cómoda Cut, diseñada por Horm.

Comodino Cut, disegnato da Horm.

Cut chest of drawers, designed by Horm.

Salón de la colección Basic 2, de Club 8 Company.

Salotto della collezione Basic 2 di Club 8 Company.

Living room from the Basic 2 collection, by Club 8 Company.

Salón diseñado por Stua.

Salotto disegnato da Stua.

Living room designed by Stua.

Modelo Maya, de Prealpi.
Modello Maya di Prealpi.
Maya model, by Prealpi.

Salón diseñado por Calligaris.
Salotto disegnato da Calligaris.
Living room designed by Calligaris.

En esta página, colección Basic 2,
de Club 8 Company. En la página siguiente,
mueble Alto, diseñado por Horm.

In questa pagina, collezione Basic 2
di Club 8 Company. Nella pagina successiva,
mobile Alto, disegnato da Horm.

On the this page, Basic 2 collection,
by Club 8 Company. On the following
page, Alto cupboard, designed by Horm.

En la parte superior, salón de la colección Basic 2, de Club 8 Company. En la parte inferior, salón diseñado por Hülsta.

Nella parte superiore, salotto della collezione Basic 2 di Club 8 Company. Nella parte inferiore, salotto disegnato da Hülsta.

Above, living room from the Basic 2 collection, by Club 8 Company. Below, living room designed by Hülsta.

En la página siguiente, la mesa auxiliar Summa, de Jon Gasca, está compuesta por un taburete de tijera y una bandeja superior redonda.

Nella pagina successiva, il tavolo ausiliare Summa, di Jon Gasca, è composto da uno sgabello a x e un piano superiore rotondo.

On the following page, the Summa side table, by Jon Gasca, has scissor legs and a round table top.

El modelo Libra
es un diseño de Activa
para Matteo Grassi.

*Il modello Libra
è un disegno di Activa
per Matteo Grassi.*

**The Libra model
is a design by Activa
for Matteo Grassi.**

Modelo Alto, de Horm.

Modello Alto, di Horm.

Alto model, by Horm.

Vitrina Rectángulo,
diseñada por
Cord Möller-Ewerbeck para
Möller Design.

*Vetrina Rectángulo,
disegnata da
Cord Möller-Ewerbeck per
Möller Design.*

**Rectangular display
cabinet, designed by
Cord Möller-Ewerbeck
for Möller Design.**

A la derecha,
modelo Cut, de Horm.
En las páginas siguientes,
salón de Hülsta.

*A destra,
modello Cut, di Horm.
Nelle pagine succesive,
salotto di Hülsta.*

**On the right,
Cut model, by Horm.
On the following
pages, living room
by Hülsta.**

En la parte superior y en la página siguiente, salones de Calligaris.

Nella parte superiore e nella pagina successiva, salotti di Calligaris.

Above and on the following page, living rooms by Calligaris.

A la izquierda, el salón decorado por Stua se compone de la mesa Milano y la silla Egoa con brazos de madera. Todos los muebles están realizados en madera de haya. El vidrio de la mesa tiene acabado de hielo seco que combina con la puerta del comedor.

A sinistra, il salotto decorato da Stua è composto dal tavolo Milano e dalla sedia Egoa con braccioli in legno. Tutti i mobili sono fatti in legno di faggio. Il vetro del tavolo ha rifiniture in color giaccio che combinano con la porta della sala da pranzo.

On the left, the living room decorated by Stua consists of a Milano table and Egoa chairs with wooden arms. All the furniture is made of beech. The glass tabletop has a dry ice finish that matches the living room door.

Salones minimales

Los salones minimalistas plantean una búsqueda morfológica en estructuras primarias o geométricas y en colores planos y monocromos para conseguir ambientes neutros que transmitan la esencia del espacio en sí mismo. El resultado son salones de silencio y vacío, donde la simplicidad de la forma no equivale necesariamente a simplicidad de la experiencia.

Salotti minimalisti

I salotti minimalisti optano per una ricerca morfologica delle strutture primarie e geometriche e dei colori piatti e monocromi per ottenere ambienti neutri che trasmettano l'essenza dello spazio in se stesso. Il risultato sono salotti silenziosi e vuoti, dove però la simplicità della forma non equivale necessariamente alla simplicità dell'esperienza.

Minimalist living rooms

The minimalist living rooms present a formal quest, using primary or geometric structures and flat colors or monochrome, for neutral environments that transmit the essence of the space itself. The result is living rooms of silence and emptiness, where simplicity of form does not necessarily mean simplicity in the experience.

Salón de la colección Möller Design.

Salotto della collezione Möller Design.

Living room from the Möller Design collection.

Salones diseñados por Annibale Colombo.

Salotti disegnati da Annibale Colombo.

**Living rooms designed
by Annibale Colombo.**

En las páginas siguientes, salón donde destacan las líneas sobrias
y esenciales. El mueble contenedor Millennium,
diseñado por Giulio Dalto, pertenece a la colección de Rattan Wood.

*Nelle pagine successive, salotto in cui spiccano le linee sobrie
ed essenziali. Il mobile contenitore Millennium,
disegnato da Giulio Dalto, appartengono alla collezione di Rattan Wood.*

**On the following pages, a living room in which the severe,
essential lines stand out. The Millennium cabinet,
designed by Giulio Dalto, belongs to the Rattan Wood collection.**

En la fila superior, modelo Metroquadro, diseñado por Piero Lissoni, y modelo Bloom,
de Giorgio Cazzaniga. Ambos pertenecen a la colección de Living Divani. En la segunda fila,
sofás diseñados por Laube y Cisotti para BRF. En la fila inferior, Plinto de Rafemar y,
a la derecha, modelo Alvin, diseñado por Studio Res para Bodema.

*Nella fila superiore, modello Metroquadro, disegnati da Piero Lissoni, e modello Bloom,
di Giorgio Cazzaniga. Entrambi appartengono alla collezione di Living Divani. Nella seconda
fila, divani disegnati da Laube e Cisotti per BRF. Nella fila inferiore, Plinto di Rafemar
e a destra, modello Alvin, disegnato da Studio Res per Bodema.*

At the top, Metroquadro model, designed by Piero Lissoni, and Bloom model,
by Giorgio Cazzaniga. Both belong to the Living Divani collection. In the center,
sofas designed by Laube and Cisotti for BRF. On the bottom, Plinth by Rafemar and,
on the right, Alvin model, designed by Studio Res for Bodema.

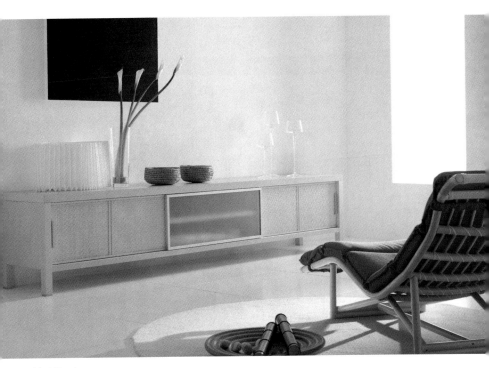

Modelo Millennium,
diseño de Giulio Dalto para Rattan Wood.

Modello Millennium,
disegno di Giulio Dalto per Rattan Wood.

Millennium model, design by Giulio Dalto
for Rattan Wood.

En la parte inferior, a izquierda y a derecha,
mueble Leonardo, de Luciano Bertoncini, para Bellato.

Nella parte inferiore, a sinistra e a destra,
mobile Leonardo, di Luciano Bertoncini, per Bellato.

Below left and right, Leonardo cabinet,
by Luciano Bertoncini, for Bellato.

Salones de planta abierta

Salotti a pianta aperta

Open plan living rooms

El concepto de un solo ambiente es una respuesta contemporánea y pragmática a la falta de espacio en las ciudades modernas. Convertir un apartamento en un espacio de un solo ambiente lo convierte en una amplia vivienda de atmósfera fluida que permite adaptarse a cualquier opción gracias a su capacidad flexible.

Il concetto di un solo ambiente è una risposta contemporanea e pragmatica alla mancanza di spazio negli appartamenti delle città moderne. Convertire un appartamento in uno spazio di un solo ambiente, trasforma la casa in uno spazio ampio e fluido che consente di adattarsi a qualsiasi opzione grazie alla capacità di essere flessibile.

The concept of one single environment is a pragmatic contemporary response to the shortage of space in modern cities. Converting an apartment into a space with one single room turns it into a spacious home with a fluid atmosphere that makes it possible to adapt to any option, thanks to its flexibility.

Salón comedor Guetaria, diseñado por Danona.

Sala da pranzo Guetaria, disegnata da Danona.

Guetaria living room-dining room, designed by Danona.

En la parte superior y en la página
siguiente, comedor diseñado para la
colección Basic 2, de Club 8 Company.

*Nella parte superiore e nella pagina
successiva, sala da pranzo disegnata per
la collezione Basic 2, di Club 8 Company.*

**Above and on the following page,
dining area designed for the Basic 2
collection, by Club 8 Company.**

Modelo Estudio, de Prealpi.

Modello Estudio, di Prealpi.

Estudio model, by Prealpi.

En la parte superior, comedor de la
colección Basic 2, de Club 8 Company.
En la parte inferior, salón de Montana.

*Nella parte superiore, sala da pranzo della
collezione Basic 2, di Club 8 Company.
Nella parte inferiore, salotto di Montana.*

**Above, dining area from the Basic 2
collection, by Club 8 Company.
Below, living room by Montana.**

Salón de Hülsta.

Salotto di Hülsta.

Living room by Hülsta.

Salones juveniles

El elevado coste de los alquileres y las caras hipotecas para la compra de un piso, además de los gastos de mantenimiento de una vivienda, son los causantes de que los hogares juveniles deban sustituir los altos presupuestos en decoración por la imaginación y el ingenio. Las soluciones poco convencionales y los muebles de reciclaje se encargan de convertir estos espacios en lugares dotados de una nueva personalidad.

Sala per ragazzi

I costi elevati degli affitti e dei crediti bancari per l'acquisto della casa, oltre alle spese di manutenzione, implicano che i giovani si vedano obbligati a sostituire gli elevati preventivi della decorazione con immaginazione e ingegno. Le soluzioni poco convenzionali e i mobili riciclati sono gli incaricati di trasformare questi spazi in luoghi dotati di una nuova personalità.

Young living rooms

High rents and expensive mortgages for the purchase of an apartment, in addition to home maintenance costs, are some of the reasons why young people often have to compensate for the lack of a big budget for decorating with imagination and ingenuity. Unconventional alternatives and recycled furniture help turn these spaces into homes gifted with a new personality.

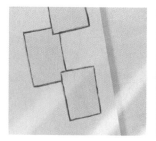  

Salón diseñado por Hülsta.

Salotto disegnato da Hülsta.

Living room designed by Hülsta.

En páginas anteriores,
canapés de la colección Hülsta
y salón, diseñado por Danona.

Nelle pagine precedenti,
canapé della collezione Hülsta
e sala, disegnata da Danona.

On the previous pages,
couches from the Hülsta collection
and living room designed by Danona.

Estudio-salón juvenil
diseñado por Möller Design.

Studio-salotto per ragazzi
disegnato da Möller Design.

Youthful studio-living room
designed by Möller Design.

En la parte superior izquierda,
composición de estudio juvenil. A la
derecha, composición Cube. Ambas
estancias han sido decoradas por
Domus Central.

Nella parte superiore sinistra,
composizione per studio per ragazzi.
A destra, composizione Cube. Entrambe
le camere sono state decorate da
Domus Central.

Above left, composition of a
youthful style studio. On the right,
Cube composition. Both rooms have
been decorated by Domus Central.

Metaponto,
diseñado por Sigla para Costantino.

Metaponto,
disegnato da Sigla per Costantino.

Metaponto, designed by Sigla
for Costantino.

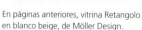

En páginas anteriores, vitrina Retangolo en blanco beige, de Möller Design.

Nelle pagine precedenti, vetrina Retangolo in bianco beige, di Möller Design.

On previous pages, Retangolo display cabinet in white beige, by Möller Design.

En esta página, todos los salones pertenecen a la colección Hülsta, excepto la original sala de Möller Design (en la parte inferior y a la derecha).

In questa pagina, tutti i salotti sono della collezione Hülsta, meno il salotto originale di Möller Design (Nella parte inferiore e a destra).

On this page all the living rooms belong to the Hülsta collection, except the original living room by Möller Design (below, right).

Salones coloristas

Una buena opción para dar vida a esos hogares urbanos, generalmente carentes de luz y de personalidad, es llenar el espacio de elementos de color. A través de colores estridentes en las paredes, en los muebles y en elementos decorativos suele conseguirse un nuevo ambiente que ha olvidado su antigua tristeza y monotonía.

Salotti colorati

Una buona opzione per dar vita a queste abitazioni urbane, generalmente carenti di luce e di personalità, è riempire lo spazio di elementi colorati. Attraverso i colori stridenti sulle pareti, nei mobili e negli elementi decorativi si ottiene un nuovo ambiente che lascia da parte quell'aria triste e monotona che lo contraddistingueva.

Colorful living rooms

A good alternative to liven up urban homes, generally lacking light and personality, is to fill the space with color. The use of strong colors on the walls, in furniture and in decorative touches can often succeed in creating a new atmosphere that does away with the former gloom and monotony.

Sala de estar con el mueble Kanjo de Möller Design.

Salotto con il mobile Kanjo di Möller Design.

Living room with the Kanjo cabinet by Möller Design.

Aki, Biki, Canta, diseñado por Toshiyuki Kita
para la prestigiosa Cassina.
La fotografía es obra de Andrea Ferrari.

*Aki, Biki, Canta, disegnato da Toshiyuki Kita
per la prestigiosa Cassina.
La fotografia è a cura di Andrea Ferrari.*

**Aki, Biki, Canta, designed by Toshiyuki Kita
for the prestigious Cassina firm.
The photo is by Andrea Ferrari.**

A la izquierda, mesa Red & Blue, de Bernard
Varnesson, para Bellato. En la página siguiente,
mueble Kanjo, de Möller Design.

*A sinistra, tavolo Red & Blue, di Bernard
Varnesson, per Bellato. Nella pagina successiva,
mobile Kanjo, di Möller Design.*

**On the left, Red & Blue table, by Bernard
Varnesson, for Bellato. On the following
page, Kanjo cabinet, by Möller Design.**

En la página siguiente, composición Millennium,
de Giulio Dalto, para Rattan Wood.

*Nella pagina successiva, composizione
Millennium di Giulio Dalto per Rattan Wood.*

**On the next page, Millennium composition,
by Giulio Dalto, for Rattan Wood.**

A la derecha y a la izquierda, dos salones
de la colección Basic 2, de Club 8 Company.

*A destra e a sinistra, due salotti
della collezione Basic 2, di Club 8 Company.*

**On the right and left, two living rooms
from the Basic 2 collection, by Club 8 Company.**

En la parte superior,
modelo Elite, de Giulio Dalto, para Rattan Wood.

Nella parte superiore,
modello Elite, di Giulio Dalto, per Rattan Wood.

Above, Elite model, by Giulio Dalto,
for Rattan Wood.

En la parte superior, comedor de Domus Central. A la izquierda, modelo Leonardo realizado en laca brillante de color rojo. Es un diseño de Luciano Bertoncini para Bellato.

Nella parte superiore, sala da pranzo di Domus Central. A sinistra, modello Leonardo realizzato in lacca brillante color rosso. È un disegno di Luciano Bertoncini per Bellato.

Above, dining area by Domus Central. On the left, Leonardo model done in bright red lacquer. This is a design by Luciano Bertoncini for Bellato.

En la página siguiente, comedor de Calligaris.

Nella pagina successiva, sala da pranzo di Calligaris.

On the following page, dining room by Calligaris.

Mesas de salón

De hierro forjado, acero inoxidable, madera, cristal o mármol, la mesa de centro es el mueble que ofrece un espacio para la reunión de los miembros de la vivienda o de sus amigos. Además, cualquier sala de estar dispondrá de mesas auxiliares de distintas formas y tamaños para dar soporte a las lámparas o a los demás elementos decorativos.

Tavoli da salotto

Di ferro battuto, acciaio inossidabile, legno, cristallo o marmo, il tavolo è il mobile che offre uno spazio per la riunione dei membri della famiglia e degli amici. Inoltre, qualsiasi salotto avrà tavoli ausiliari di diverse forme e dimensioni per dare supporto alle lampade o a qualsiasi altro elemento decorativo.

Living room tables

Whether of wrought iron, stainless steel, wood, glass or marble, the center table is the piece that offers a place for the residents of the home to meet with one another or with their friends. In addition, any living room will have side tables of different shapes and sizes to hold lamps or other decorative elements.

Salón de Calligaris.

Salotto di Calligaris.

Living room by Calligaris.

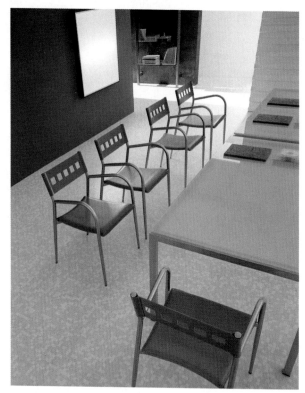

A la izquierda y en página siguiente, comedores de la colección Calligaris.

A sinistra e nella pagina successiva, sale da pranzo della collezione Calligaris.

On the left and on following page, dining rooms from the Calligaris collection.

En la parte superior, mesa Spider, de KFF. A la izquierda, mesa Linus, de Möller Design.

Nella parte superiore, tavolo Spider, di KFF. A sinistra, tavolo Linus, di Möller Design.

Above, Spider table by KFF. On the left, Linus table by Möller Design.

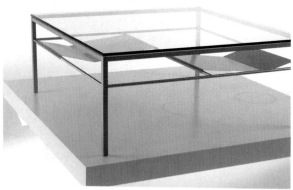

En esta página, modelo Last Minute, de Hauke Murken, para Nils Holger Moormann. En la página siguiente, modelo Papillon, diseñado por Bernard Varnesson para Bellato.

In questa pagina, modello Last Minute, di Hauke Murken, per Nils Holger Moormann. Nella pagina successiva, modello Papillon, disegnato da Bernard Varnesson per Bellato.

On this page, Last Minute model, by Hauke Murken, for Nils Holger Moormann. On the following page, Papillon model, designed by Bernard Varnesson for Bellato.

Colección de mesas de salón
de Club 8 Company.

*Collezione di tavoli per salotti
di Club 8 Company.*

**Collection of living room tables
by Club 8 Company.**

En la página siguiente,
comedor de Calligaris.

*Nella pagina successiva,
sala da pranzo di Calligaris.*

**On the following page,
dining room by Calligaris.**

Sofás y sillas para el salón

Divani e sedie per la sala

Living room sofas and chairs

Los sofás y las butacas son muebles ideados para satisfacer la comodidad y el confort. Aunque se prefieren sofás de líneas rectas y respaldos altos que sean fácilmente adaptables a cualquier espacio, es importante considerar la durabilidad de los tapizados.

I divani e le poltrone sono mobili ideati per la comodità e il comfort. I divani lineari e spalliere alte che si adattino facilmente a qualsiasi spazio sono preferibili, ma è anche importante considerare la durata delle tapezzerie.

Sofas and armchairs are furniture designed to satisfy the need for comfort and convenience. Though sofas with straight lines and high backs that can be easily adapted to any area are generally preferred, it is also important to consider the durability of the upholstery.

Minta y Thea son modelos diseñados por Hannes Wettstein y fotografiados por Andrea Ferrari para Cassina.

Minta e Thea sono modelli disegnati da Hannes Wettstein e fotografati da Andrea Ferrari per Cassina.

Minta and Thea are models designed by Hannes Wettstein and photographed by Andrea Ferrari for Cassina.

A la izquierda, modelo Etzel y, a la derecha, 20/80. Ambas sillas han sido diseñadas por KFF.

A sinistra, modello Etzel e a destra, 20/80. Entrambe le sedie sono state disegnate da KFF.

On the left, Etzel model and, on the right, 20/80. Both chairs were designed by KFF.

King y Queen, de Diemo Alfons.

King e Queen, di Diemo Alfons.

King and Queen, by Diemo Alfons.

Flex, de KFF.

Flex, di KFF.

Flex, by KFF.

Manhattan, de Vicente Soto, para Paco Capdell.

Manhattan, di Vicente Soto, per Paco Capdell.

Manhattan, by Vicente Soto, for Paco Capdell.

A la izquierda, Vip Chair, de Zoom Design. A la derecha, Vera, de Teemu Järvi, para Korhonen.

A sinistra, Vip Chair, di Zoom Design. A destra, Vera, di Teemu Järvi, per Korhonen.

On the left, Vip Chair, by Zoom Design. On the right, Vera, by Teemu Järvi, for Korhonen.

En parte superior, Manhattan, y en parte inferior, Xuxa. Ambas sillas han sido diseñadas por Vicente Soto para Paco Capdell.

Nella parte superiore, Manhattan, e nella parte inferiore, Xuxa. Entrambe le sedie sono state disegnate da Vicente Soto per Paco Capdell.

Above, Manhattan, and below, Xuxa. Both chairs were designed by Vicente Soto for Paco Capdell.

En parte superior, Tri.Be.Ca, de Luciano Bertoncini, para Bellato. En parte inferior, taburete Coq, de Yamakado, y sillas Cira, de Gijs Papavoine, para Montis.

Nella parte superiore, Tri.Be.Ca, di Luciano Bertoncini, per Bellato. Nella parte inferiore, sgabello Coq, di Yamakado, e sedie Cira, di Gijs Papavoine, per Montis.

Above, Tri.Be.Ca, by Luciano Bertoncini, for Bellato. Below, Coq stool, by Yamakado, and Cira chairs, by Gijs Papavoine, for Montis.

Jack, de Gijs Papavoine,
para Montis.

*Jack, di Gijs Papavoine,
per Montis.*

**Jack, by Gijs Papavoine,
for Montis.**

Modelo diseñado por Yamakado.

Modello disegnato da Yamakado.

Model designed by Yamakado.

Ypso, de C. Heimberger, para Bonaldo.

Ypso, di C. Heimberger, per Bonaldo.

Ypso, by C. Heimberger, for Bonaldo.

A la izquierda, Ginger, de Yamakado. A la
derecha, Full, de John Hutton, para Bench.

*A sinistra, Ginger, di Yamakado. A destra,
Full, di John Hutton, per Bench.*

**On the left, Ginger, by Yamakado. On the
right, Full, by John Hutton, for Bench.**

A la izquierda, Lena, de Bart Conen para Bench. A la derecha, butaca Malena de Jon Gasca, para Stua.

A sinistra, Lena, di Bart Conen per Bench. A destra, poltrona Malena di Jon Gasca, per Stua.

On the left, Lena, by Bart Conen for Bench. On the right, Malena armchair by Jon Gasca, for Stua.

A la izquierda, Momo, y a la derecha, Butler. Ambos modelos son diseño de Bart Conen para Bench.

A sinistra, Momo, e a destra, Butler. Entrambi i modelli sono stati disegnati da Bart Conen per Bench.

On the left, Momo, and on the right, Butler. Both models designed by Bart Conen for Bench.

A la izquierda, Smoker, de John Hutton, para Bench. A la derecha, Malena, de Jon Gasca, para Stua.

A sinistra, Smoker, di John Hutton, per Bench. A destra, Malena, di Jon Gasca, per Stua.

On the left, Smoker, by John Hutton, for Bench. On the right, Malena, by Jon Gasca, for Stua.

«Bancoq», de Yamakado.
"Bancoq", di Yamakado.
«Bancoq», by Yamakado.

Leonardo, de Bart Conen, para Bench.
Leonardo, di Bart Conen, per Bench.
Leonardo, by Bart Conen, for Bench.

En la parte superior, modelo diseñado por Dhesja.
A la izquierda, Buster de Gijs Papavoine, para Montis.

Nella parte superioree, modello disegnato da Dhesja.
A sinistra, Buster di Gijs Papavoine, per Montis.

Above, model designed by Dhesja. On the left,
Buster by Gijs Papavoine, for Montis.

Buster, de Gijs Papavoine, para Montis.
Buster, di Gijs Papavoine, per Montis.
Buster, by Gijs Papavoine, for Montis.

Full, de John Hutton, para Bench.
Full, di John Hutton, per Bench.
Full, by John Hutton, for Bench.

Maestro, de Bart Conen, para Bench.
Maestro, di Bart Conen, per Bench.
Maestro, by Bart Conen, for Bench.

A la derecha,
Buster, de Gijs Papavoine, para Montis.

A destra,
Buster, di Gijs Papavoine, per Montis.

On the right,
Buster, by Gijs Papavoine, for Montis.

En la parte superior, Paso, y en la parte inferior, Buster.
Ambos modelos han sido diseñados por Gijs Papavoine, para Montis.

Nella parte superiore, Paso, e nella parte inferiore, Buster.
Entrambi i modelli sono stati disegnati da Gijs Papavoine, per Montis.

Above, Paso, and below, Buster.
Both models were designed by Gijs Papavoine, for Montis.

Composición Millennium,
de Giulio Dalto, para Rattan Wood.

Composizione Millennium,
di Giulio Dalto, per Rattan Wood.

Millennium composition,
by Giulio Dalto, for Rattan Wood.

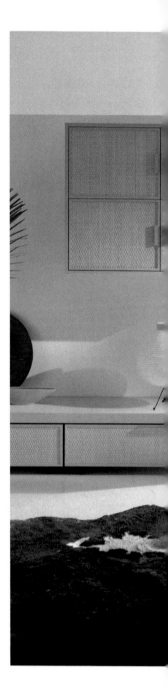

Frog Longue, de Piero Lissoni, para Living Divani.
Frog Longue, di Piero Lissoni, per Living Divani.
Frog Longue, by Piero Lissoni, for Living Divani.

Pouffs tapizados de loneta con patas de madera lacada en cerezo, de Domus Central.

Puff tappezzati di olonetta con gambe di legno laccato in ciliegio, di Domus Central.

Stools covered in sailcloth with lacquered cherrywood legs, by Domus Central.

Modelo Bridge, de John Hutton, para Bench.

Modello Bridge, di John Hutton, per Bench.

Bridge model, by John Hutton, for Bench.

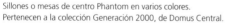

Sillones o mesas de centro Phantom en varios colores. Pertenecen a la colección Generación 2000, de Domus Central.

Poltrone o tavolini Phantom in vari colori. Appartengono alla collezione Generación 2000, di Domus Central.

Phantom center tables or chairs in different colors. These belong to the Generación 2000 collection, by Domus Central.

Chaise longue Stick 2001, de Yamakado.

Chaise longue Stick 2001, di Yamakado.

Stick 2001 chaise longue, by Yamakado.

Dormitorios

Bedrooms

Camere da letto

Además de ser una estancia destinada al descanso, el dormitorio suele reservar un lugar para vestirse y arreglarse y, si el espacio nos lo permite, el mobiliario necesario para que realicemos labores o algún otro tipo de trabajo. Por este motivo, aunque la cama sea el elemento esencial por excelencia de cualquier dormitorio, según sean nuestras necesidades o hábitos decoraremos esta estancia con otros complementos. Con la finalidad de conseguir un ambiente adecuado para el reposo, es importante saber comprender la disposición de esta dependencia. En primer lugar, se decidirá la situación de la cama. En la mayoría de los casos, la cama suele colocarse frente a la puerta con los pies en dirección a la misma y reposando el cabezal en la pared. De este modo, desde la cama podemos dominar el acceso a la estancia. Otro factor indispensable es procurar encontrar un lugar cobijado que permita situar nuestra cama en un espacio apartado de los fríos y las corrientes de aire. Por este motivo, suele recomendarse situar la cama un poco alejada de las ventanas, colocando su cabezal en una pared interior caliente y seca. Aunque la importancia de cualquier dormitorio gira entorno a la cama, la mesita de noche, su eterna compañera, nos ofrece un espacio para colocar el despertador, una fuente de luz y nuestros objetos personales. Además, el dormitorio suele convertirse en un lugar para guardar nuestra ropa. Por su volumen, el armario será el segundo elemento a colocar.

La camera da letto, oltre ad essere una stanza adibita al riposo, è uno spazio dove ci si veste e ci si prepara per uscire e, se lo spazio lo consente, dove si trova il mobilio necessario per realizzare queste attività o qualsiasi altro tipo di lavoro. Per questa ragione, sebbene il letto sia l'elemento essenziale di qualsiasi camera da letto, oguno di noi decorerà questa camera con altri complementi in base alle proprie abitudini e necessità. Allo scopo di ottenere un ambiente adatto al riposo, è importante saper capire come disporre questa camera. In primo luogo, va decisa la posizione del letto. Normalmente quest'ultimo si mette di fronte alla porta che da accesso alla camera con i piedi rivolti verso la porta mentre la testata si poggia alla parete. In questo modo, dal letto è possibile dominare l'accesso alla camera. Un altro fattore indispensabile per la decorazione della camera è fare in modo di trovare un luogo raccolto che consenta di porre il letto in uno spazio riparato dal freddo e dalle correnti d'aria. Per questo motivo, di solito di consiglia di non collocare il letto sotto le finestre e di appoggiare la testata ad una parete interna calda e asciutta. Sebbene l'importanza di ogni camera da letto giri intorno al letto, che ne rimane l'elemento più importante, il comodino, suo eterno compagno, offre uno spazio ove collocare la sveglia, una fonte luminosa e gli oggetti personali. Inoltre la camera da letto è anche il luogo dove si custodiscono gli indumenti, di conseguenza per questioni di volume, l'armadio sarà il secondo elemento da collocare.

Besides being an area for rest, the bedroom usually has a place for getting dressed and ready to face the world and, if space permits, the furniture necessary for doing certain kinds of work. So, though the bed is the essential, central element of any bedroom, we will decorate the room with other complementary pieces depending on our habits or needs. In order to create the suitable atmosphere for rest, it is important to know how to decide on the layout of the room. In the first place, the location of the bed must be decided. In most cases the bed is placed facing the door, with the feet at that end and the headboard against the wall. In this way, from the bed we can see the entrance to the room. Another indispensable factor is to find a protected spot that allows us to situate the bed in a place that is sheltered from cold and drafts. For this reason it is usually recommended that we keep the bed a little distance away from the windows, with the headboard against a warm, dry, interior wall. Though the importance of any bedroom centers around the bed, the bedside table, its constant companion, gives us a place to put the alarm clock, a lamp and other personal effects. The bedroom is also usually the place where we keep our clothes. Given its size, the wardrobe will be the second piece that we find a place for.

Dormitorios Clásicos y rústicos

El empleo de mobiliario de madera natural, hierro forjado o mimbre, puede ayudarnos a trasladar nuestros dormitorios a un ambiente de antaño propio de los viejos cuentos de hadas. Un dormitorio con cierto aire rústico tendrá la virtud de sabernos transmitir el confort y la calidez necesarios para un descanso placentero.

Camere da letto classiche e rustiche

Utilizzare mobilio di legno naturale, ferro battuto o vimini, può aiutare a trasportare alle nostre camere da letto un ambiente antico, tipico delle vecchie favole. Una camera da letto con certa atmosfera rustica avrà la virtù di trasmettere il comfort e il calore necessari per un riposo piacevole.

Classic and rustic bedrooms

Use of furniture of natural wood, wrought iron or wicker can help us to give our bedrooms an antique atmosphere of old fairytales. A bedroom with a certain rustic air will have the virtue of being able to project the comfort and warmth necessary for a pleasant rest.

La colección May Flower ha capturado el aire de nostalgia del estilo rústico. Zenia House.

La collezione May Flower ha catturato l'atmosfera nostalgica dello stile rustico. Zenia House.

The May Flower collection has captured the nostalgic air of the rustic style. Zenia House.

Madera y sencillez son ingredientes indispensables para las colecciones May Flower y Solid & Basic, de Zenia House-Club 8 Company.

Legno e semplicità sono gli ingredienti indispensabili per le collezioni May Flower e Solid & Basic di Zenia House-Club 8 Company.

Wood and simplicity are the indispensable ingredients of the May Flower and Solid & Basic collections, by Zenia House-Club 8 Company.

Cama de Faber Mobili. A la derecha, dormitorio de Lloyd Loom.

Letto di Faber Mobili. A destra, camera da letto di Lloyd Loom.

Bed by Faber Mobili. On the right, bedroom by Lloyd Loom.

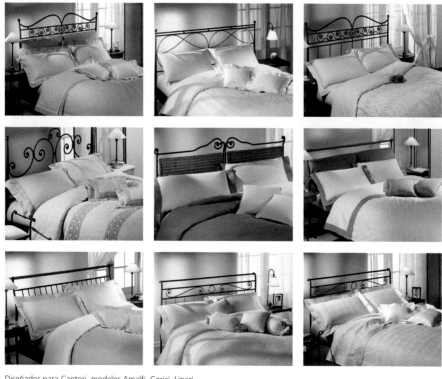

Diseñados para Cantori, modelos Amalfi, Cerici, Lipari, Tombolo, Linone, Linum, Capri, Apone y Portofino.

Disegnati per Cantori, modelli Amalfi, Cerici, Lipari, Tombolo, Linone, Linum, Capri, Apone e Portofino.

Designed for Cantori, the models Amalfi, Cerici, Lipari, Tombolo, Linone, Linum, Capri, Apone and Portofino.

Modelo In Heaven Stella, diseñado por Birgit Gämmerler, Rolf Huber e Iris Braun para Zeitraum. Cama de líneas suaves y olor dulce. Las cortinas pueden cambiarse para adaptarse a cada ambiente o a cada época del año.

Modello In Heaven Stella, disegnato da Birgit Gämmerler, Rolf Huber e Iris Braun per Zeitraum. Letto dalle linee morbide e dolci. Le tende possono essere cambiate per adattarsi ad ogni ambiente o ad ogni epoca dell'anno.

In Heaven Stella model, designed by Birgit Gämmerler, Rolf Huber and Iris Braun for Zeitraum. A bed with smooth lines and a sweet fragrance. The curtains can be changed to adapt to any atmosphere or time of year.

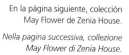

En la página siguiente, colección
May Flower de Zenia House.

Nella pagina successiva, collezione
May Flower di Zenia House.

On the following page,
May Flower collection
by Zenia House.

Camas individuales
de la colección Cantori.

Letti singoli
della collezione Cantori.

Single beds
from the Cantori collection.

Dormitorios de modernidad

Camere da letto all'insegna della modernità

Modern bedrooms

Lejos del clasicismo, el diseño actual de dormitorios pretende adaptarse al cambio constante y a los nuevos hábitos de vida cotidiana. El uso de nuevos materiales, formas simples y líneas rectas para idear los dormitorios de última tendencia son una lucha militante para combatir la sobresaturación de estímulos que afrontamos día a día. De este modo, podemos pensar que el descanso se encuentra en aquellos ambientes que sepan transmitir tranquilidad.

Le camere da letto attuali non rispondono più ai dettami tipici del classicismo mentre invece cercano di adattarsi al cambio costante e alle nuove abitudini della vita quotidiana. L'uso di materiali nuovi, forme semplici e linee rette per ideare le camere da letto all'ultima moda sono una lotta continua per combattere gli stress di ogni giorno. Come logica conseguenza, possimo pensare che il riposo si trovi in quegli ambienti che sono in grado di trasmettere tranquillità.

Far from the classic, current bedroom design attempts to adapt itself to the constant changes and new customs involved in everyday life today. The new materials, simple shapes and straight lines used in conceiving the latest trends in bedrooms form a part of a determined struggle to fight the excessive amount of stimulation that we are subjected to day by day. So, we come to believe that true rest is to be found in rooms that are capable of giving off a sense of calm.

Hülsta propone un juego de espejos para este dormitorio de líneas modernas.

Hülsta propone un gioco di specchi per questa camera da letto dalle linee moderne.

Hülsta offers an interplay of mirrors for this bedroom with modern lines.

Dormitorio de matrimonio Greta, de Danona.

Cemra da letto matrimoniale Greta, di Danona.

Greta master bedroom, by Danona.

Colección Basic 2, de Club 8 Company.

Collezione Basic 2 di Club 8 Company

Basic 2 collection, by Club 8 Company.

Cama en cerezo con estructura modular modelo Diacono, diseñado por Petillo Dichiara. Mesilla de noche con estructura de cerezo Abatino 2, de MCA & Partners. Malofancon.

Letto in ciliegio con struttura modulare modello Diacono, disegnato da Petillo Dichiara. Comodino con struttura di ciliegio Abatino 2, di MCA & Partners. Malofancon.

Diacono model cherrywood bed with a modular structure, designed by Petillo Dichiara. Night table Abatino 2 with cherrywood structure by MCA & Partners. Malofancon.

Para conseguir un orden impecable en nuestros dormitorios y dar cabida a nuestros objetos personales, Club 8 Company propone esta colección de muebles modulares.

Per ottenere un ordine impeccabile nelle nostre camere da letto e custodire tutti i nostri oggetti personali, Club 8 Company propone questa collezione di mobili modulari.

To create perfect order in our bedrooms, with a place for all our personal effects, Club 8 Company offers this collection of modular pieces.

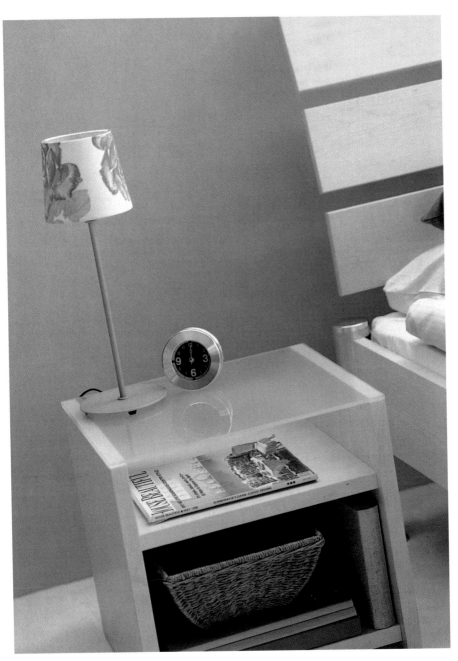

En la parte superior y a la izquierda, dormitorios diseñados por Hülsta.

Nella parte superiore e a sinistra, camere da letto disegnate da Hülsta.

Above and on the left, bedrooms designed by Hülsta.

Dormitorio Ventura, diseñado por Cord Möller-Ewerbeck para Möller Design.

Camera da letto Ventura, disegnata da Cord Möller-Ewerbeck per Möller Design.

Ventura bedroom, designed by Cord Möller-Ewerbeck for Möller Design.

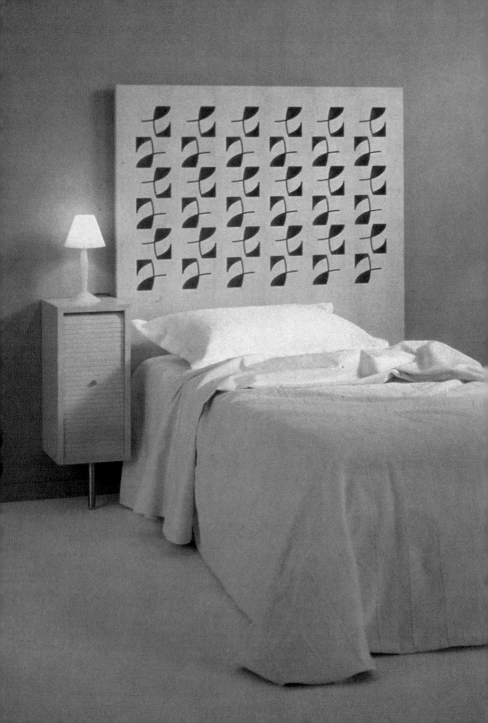

En la página anterior, cabezal de arce o cerezo que deja ver la trasera texturizada. Modelo Doneta, de Isabel Martínez para Punt Mobles.

Nella pagina precedente, testata in acero o ciliegio che lascia intravedere la posteriore testurizzata. Modello Doneta, di Isabel Martinez per Punt Mobles.

On the previous page, headboard of maple or cherrywood that reveals its texturized back part. Doneta model, by Isabel Martínez for Punt Mobles.

Hasena, Calligaris, Trip Trap y Club 8 Company optan por decorar nuestros dormitorios con elementos que aporten gran actualidad al espacio.

Hasena, Calligaris, Trip Trap e Club 8 Company scelgono di decorare le nostre camere da letto con elementi che conferiscono grande attualità allo spazio.

Hasena, Calligaris, Trip Trap and Club 8 Company choose to decorate bedrooms with elements that give the space a genuinely modern touch.

Las extensas colecciones de Hülsta tienen la virtud
de saberse adaptar a cualquier espacio.

Le estese collezioni di Hülsta hanno la virtù
di sapersi adattare a qualsiasi tipo di spazio.

Hülsta's extensive collections have the virtue
of being adaptable to any kind of space.

Minimalist bedrooms

Minimalism was born out of a study of classic and modern styles, as a search for the essential. The straight line, simple geometric forms and pure color are allies working toward an esthetic harmony. The elimination of any superfluous element helps to bring out the richness of the space itself. In the Japanese spirit, minimalist bedrooms become spaces for rest capable of projecting a sense of peace and tranquility.

Chambres à coucher minimalistes

De la réflexion sur les styles classiques et modernes naît le minimalisme, véritable recherche de la quintessence. Les lignes droites, les formes géométriques simples et les couleurs pures s'allient pour favoriser l'harmonie esthétique. La suppression de tout élément superflu permet à l'espace de se révéler dans toute sa richesse propre. D'influence japonaise, les chambres à coucher minimalistes deviennent des espaces de repos capables de transmettre le calme et la sérénité.

Minimalistische Schlafzimmer

Aus der Reflexion der klassischen und modernen Stile erwächst der Minimalismus als Suche nach der Essenz. Die gerade Linie, die einfachen geometrischen Formen und die reine Farbe sind Alliierte für die ästhetische Harmonie. Die Unterdrückung von jeglichem überflüssigen Element hilft dabei, den Reichtum des Raumes zu entecken. Mit japanischem Geist verwandeln sich die minimalistischen Schlafzimmer in Erholungsräume, die in der Lage sind Frieden und Ruhe zu vermitteln.

Bed with a wooden structure, Culture L925 model, by Rattan Wood.

Lit avec structure en bois, modèle Culture L925, de Rattan Wood.

Bett mit Holzstruktur, Modell Culture L925 von Rattan Wood.

En la parte superior y a la izquierda, el blanco se convierte en uno de los elementos capaces de transmitir pureza en los dormitorios minimalistas de Hülsta.

Nella la parte superiore e a sinistra, il bianco diventa uno degli elementi capaci di trasmettere purezza alle camere da letto minimaliste di Hülsta.

Above and left, white becomes one of the elements that transmits a sense of purity in Hülsta's minimalist bedrooms.

En la página siguiente, sobrio contenedor de aluminio Atlas, de Stua.

Nella pagina successiva, sobrio contenitore di alluminio Atlas, di Stua.

On the following page, a simple Atlas aluminum chest of drawers, by Stua.

Espacio y harmonía.
Tranquilidad y esencia.
Dormitorio de la
Colección Hülsta.

Spazio e armonia.
Tranquillità ed essenza.
Camera da letto della
Collezione Hülsta.

Space and harmony.
Calm and essence.
Bedroom from
the Hülsta collection.

Armario Millenium LA 961, diseñado por Giulio Dalto para Rattan Wood.

Armadio Millenium LA 961 disegnato da Giulio Dalto per Rattan Wood.

Millenium LA 961 wardrobe, designed by Giulio Dalto for Rattan Wood.

El modelo Bilove, de Malofancon, muestra como la esencialidad no es enemiga de la elegancia.

Il modello Bilove di Malofancon mostra come l'essenzialità non è nemica dell'eleganza.

The Bilove model, by Malofancon, shows how the essential is not opposed to elegance.

A la izquierda, modelo de Club 8 Company. En la página siguiente, dormitorio diseñado para la Colección Horm.

A sinistra, modello di Club 8 Company. Nella pagina successiva, camera da letto disegnata per la Collezione Horm.

On the left, model by Club 8 Company. On the following page, bedroom designed for the Horm collection.

Dormitorios de planta abierta

Hablar de un solo espacio es hablar de viviendas donde se ha optado por eliminar los tabiques que dividían distintas estancias para conseguir un único ambiente lo más versátil y funcional posible. La reutilización de viejos espacios para crear nuevas viviendas de planta abierta permite situar estos dormitorios en ambientes de continuidad que posibiliten multiplicar sus usos. El dormitorio, de este modo, además de ser un entorno favorable para el descanso es, al mismo tiempo, un espacio para trabajar y vivir.

Camere da letto a pianta aperta

Parlare di un unico spazio equivale a parlare di case dove la scelta è stata quella di eliminare i tramezzi che dividono le diverse camere per ottenere un unico ambiente il più versatile e funzionale possibile. Il riutilizzo di vecchi spazi per creare nuove case tipo loft consente di collocare queste camere da letto in ambienti di continuità che diano la possibilità di moltiplicarne gli usi. La camera da letto, in questo modo, oltre ad essere un ambiente favorevole al riposo è, allo stesso tempo, uno spazio in cui lavorare e vivere.

Open plan bedrooms

When we refer to one single space we are talking about residences in which it has been decided to eliminate the partition that divided different rooms to create a single environment that is as versatile and functional as possible. The conversion of parts of old buildings to create new, open plan residences makes it possible to put the bedroom in a continuous environment and thus to multiply its uses. So the bedroom, besides being an area for rest, is at the same time a space for working and living.

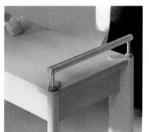  

Dormitorio de la colección Hülsta.

Camera da letto della collezione Hülsta.

Bedroom from the Hülsta collection.

Dormitorios de las colecciones Hülsta
y Club 8 Company.

*Camera da letto delle collezioni Hülsta
e Club 8 Company.*

**Bedrooms from Hülsta
and Club 8 Company collections.**

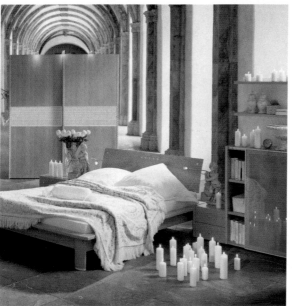

En esta página, S.W.B Sleepy Working Bed, diseñado
por Philippe Starck (fotografía de Miro Zagnoli) y Ghiro
de Carlo Forcolini (fotografía de Oliviero Venturi).
Ambas camas pertenecen a la colección I letti di Cassina,
de la prestigiosa marca Cassina.

*In questa pagina, S.W.B Sleepy Working Bed, disegnato
da Philippe Starck (fotografia di Miro Zagnoli) e Ghiro di Carlo
Forcolini (fotografia di Oliviero Venturi). Entrambi i letti
appartengono alla collezione «I letti di Cassina»
della prestigiosa marca Cassina.*

On this page, S.W.B Sleepy Working Bed,
designed by Philippe Starck (photo by Miro Zagnoli)
and Ghiro de Carlo Forcolini (photo by Oliviero Venturi).
Both beds belong to the I letti di Cassina collection
of the prestigious Cassina firm.

El dormitorio Kanjo es resultado
de la influencia de la estética japonesa
en Möller Design.

*La camera da letto Kanjo è il risultato
dell'influenza dell'estetica giapponese
in Möller Design.*

The Kanjo bedroom is the result
of the influence of Japanese
esthetics on Möller Design.

Los amplios espacios y la madera son elementos comunes
de estas propuestas de Club 8 Company (en la parte superior),
Calligaris (en la parte inferior) y Hülsta (en la página siguiente).

*Gli spazi ampi e il legno sono elementi comuni di queste
proposte di Club 8 Company (nella parte superiore),
Calligaris (nella parte inferiore) e Hülsta (nella pagina successiva).*

Ample space and the use of wood are the elements
common to these ideas from Club 8 Company (above),
Calligaris (below) and Hülsta (following page).

Habitaciones infantiles y juveniles

Camere per bambini e per ragazzi

Children's and young people's rooms

La gran virtud de una habitación destinada a niños o a adolescentes es que ésta sepa adaptarse al crecimiento, a las necesidades y al cambio de gustos estéticos de estos jóvenes habitantes. Si los recién nacidos requieren una cuna y un cambiador como elementos fundamentales, el niño y, más adelante el adolescente necesitarán un espacio para jugar, para leer o para divertirse con sus amigos.

La grande virtù di una camera destinata ai bambini o agli adolescenti è che sia in grado di adattarsi alla crescita e di conseguenza alle necessità e al cambiamento dei gusti estetici di questi giovani abitanti. I neonati infatti hanno bisogno di una culla e di un luogo ove possibile procedere a cambiare loro il pannolino, mentre invece il bambino e, con il passare degli anni, l'adolescente avrà bisogno di uno spazio per il gioco, per la lettura o per divertirsi con gli amici.

The most important quality in a room for children or adolescents is its adaptability to growth, to the changing needs and esthetic preferences of their youthful occupants. If the newborn need a crib and changing table as essential elements, the child, and later the adolescent, needs a space to play, to read or to enjoy the company of friends.

Estudio juvenil en arce y en azul diseñado por Domus Central.

Studio giovanile in acero e di color blu disegnato da Domus Central.

Young person's study in maple and blue, designed by Domus Central.

Los colores vivos y la madera de líneas suaves son elementos comunes para los dormitorios infantiles de Hülsta.

I colori vivaci e il legno dalle linee morbide sono elementi comuni per le camere da letto per bambini di Hülsta.

Bright colors and wood in smooth lines are the elements common to these children's bedrooms by Hülsta.

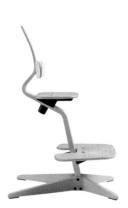

Los diseñadores de la prestigiosa firma Stokke trabajan para adaptar el mueble al crecimiento del niño. En la parte superior, modelo Sleepi, diseñado por Gronlund y Knudsen. A la izquierda, modelo Sitti, de Peter Opsvik. A la derecha, la clásica silla Tripp Trapp de Peter Opsvik.

I disegnatori della prestigiosa marca Stokke lavorano al fine di adattare il mobilio alla crescita del bambino. Nella parte superiore, modello Sleepi, disegnato da Gronlund e Knudsen. A sinistra, modello Sitti di Peter Opsvik. A destra, la classica sedia Tripp Trapp, di Peter Opsvik.

The designers of the prestigious firm Stokke work to adapt furniture to the child's growth. Above, Sleepi model, designed by Gronlund and Knudsden. On the left, the Sitti model, by Peter Opsvik. On the right, the classic Tripp Trapp chair by Peter Opsvik.

En la página siguiente, la combinación de color y la yuxtaposición de distintos elementos pueden convertir un dormitorio infantil en un lugar propio de cuento de hadas.

Nella pagina successiva, la combinazione di colore e la giustapposizione di diversi elementi possono trasformare una camera da letto per bambini in un luogo da favola.

On the following page, the combination of color and the juxtaposition of different elements turn the child's bedroom into a place out of a fairy tale.

Sillas de colores de Paco
Capdell. En la página siguiente,
dormitorio de Domus Central.

*Sedie colorate di Paco Capdell.
Nella pagina successiva, camera
da letto di Domus Central.*

**Chairs in colors by
Paco Capdell. On the
following page, bedroom
by Domus Central.**

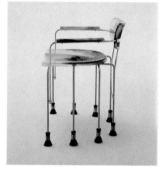

Prestigiosa Serie 543 Broadway,
diseñada por Gaetano Pesce.
De Bernini.

*Prestigiosa Serie 543 Broadway,
disegnata da Gaetano Pesce.
Di Bernini.*

**Prestigious 543 Broadway
Series, designed by Gaetano
Pesce. From Bernini.**

Bubble Chair y Ball Chair,
de Eero Aarnio. Diseñadas
en los años 60 y convertidas
en un clásico. Adelta.

*Bubble Chair e Ball Chair,
di Eero Aarnio. Disegnate negli
anni 60 e ormai considerate
un classico. Adelta.*

**Bubble Chair and Ball Chair,
by Eero Aarnio. Designed
in the 60s and now classics.
Adelta.**

Tato Bean y Tato Bonbon.
Diseñadas por Enrico Baleri
para Baleri Italia. Fotografía
de Studio Usa.

*Tato Bean e Tato Bonbon.
Disegnate da Enrico Baleri per
Baleri Italia. Fotografia di Studio
Usa.*

**Tato Bean and Tato Bonbon.
Designed by Enrico Baleri
for Baleri Italia. Photo
by Studio Usa.**

Una habitación juvenil debe saber afrontar el desorden con elegancia. Modelos diseñados para las colecciones Club 8 Company y Hülsta.

Una camera per ragazzi deve saper affrontare il disordine con eleganza. Modelli disegnati per le collezioni Club 8 Company e Hülsta.

A youthful room that combines disorder with elegance. Models designed for the Club 8 Company and Hülsta collections.

Un lugar para el descanso

La cama es el elemento indispensable de todo dormitorio. Individual o de matrimonio. Sofá cama o plegable. De estructura de metal o de madera. Para acostarse. Para tumbarse. Para tenderse. En el momento de decidir la distribución de nuestro dormitorio, la cama será el primer mueble a colocar. Saber escoger una cama confortable y crear una atmósfera de calma nos asegurarán un descanso placentero y una recuperación satisfactoria de nuestras largas jornadas en ciudad.

Un luogo per il riposo

Il letto è l'elemento indispensabile di ogni camera da letto. Singolo o matrimoniale. Divano letto o pieghevole con la struttura di metallo o di legno; per distendersi, per riposare per dormire. Nel momento in cui si decide la distribuzione della nostra camera da letto, il letto deve essere il primo elemento ad essere collocato. Saper scegliere un letto confortevole e creare un'atmosfera di calma, ci garantirà un riposo piacevole oltre a farci recuperare pienamente dalle nostre lunghe giornate in città.

A place to rest

The bed is the indispensable element in any bedroom. Single or double. Sofa bed or folding bed. With a structure in metal or wood. To go to bed. To lie down. To stretch out. When deciding on the layout of the room, the position of the bed is the first thing we think about. Knowing how to choose a comfortable bed and create an atmosphere of calm will guarantee a pleasant rest and a place to recuperate from long days in the city.

Dormitorio Kanjo, de Cord Möller-Ewerbeck, para Möller Design.

Camera da letto Kanjo di Cord Möller-Ewerbeck per Möller Design.

Kanjo bedroom, by Cord Möller-Ewerbeck, for Möller Design.

Colección de camas Innovation.

Collezione di letti Innovation.

Collection of Innovation beds.

En la parte superior, cama en haya y aluminio.
En la parte inferior, dormitorio Sidney. Ambos diseños son de Domus Central.

Nella la parte superiore, letto in faggio e alluminio.
Nella parte inferiore, camera da letto Sidney. Entrambi disegnati da Domus Central.

Above, bed in beech and aluminum.
Below, Sidney bedroom. Both designs from Domus Central.

Camas de matrimonio de la colección Basic 2, de Club 8 Company.

Letti matrimoniali della collezione Basic 2 di Club 8 Company.

Double beds from the Basic 2 collection, by Club 8 Company.

Si disponemos del espacio necesario, Trip Trap propone usar
un sencillo banco de madera en los pies de la cama para colocar objetos de uso personal.

*Se avete lo spazio necessario, Trip Trap propone di utilizzare
un semplice bancone di legno ai piedi del letto per collocarvi oggetti di uso personale.*

If we have the space available, Trip Trap proposes using a simple wooden bench
at the foot of the bed for keeping articles for personal use.

Colección de sofás cama
Generación 2000, de Domus Central.

*Collezione di divani letto
Generación 2000 di Domus Central.*

**Collection of Generación 2000 sofa
beds, from Domus Central.**

En la parte superior, sofás cama
de la colección Innovation.

*Nella parte superiore, divani letto
della collezione Innovation.*

**Above, sofa bed from
the Innovation collection.**

Armarios de ropa

Como ya se ha apuntado en la introducción de este capítulo, el armario es, después de la cama, el segundo elemento de más importancia en el dormitorio. Esta trascendencia se debe a que el dormitorio suele ser el lugar más común para albergar nuestra indumentaria. La idea de un armario concebido como una estructura pesada para contener la ropa ha variado hacia concepciones más elegantes y sobrias, como cajones y colgadores capaces de ofrecernos un orden meticuloso, que permiten planificar estructuras de almacenamiento.

Guardaroba

Come già accennato nell'introduzione di questo capitolo, l'armadio è dopo il letto, il secondo elemento di maggior importanza in una camera da letto. Questa trascendenza è dovuta al fatto che la camera da letto di solito è il luogo in cui ognuno sistema i propri indumenti. L'idea di un armadio concepito come una struttura pesante utilizzata per custodire i capi di abbilgiamento è cambiata verso concezioni più eleganti e sobrie che consentono di pianificare le strutture di custodia come ad esempio cassetti e grucce in grado di offrire un ordine meticoloso.

Wardrobes

As we pointed out in the introduction to this chapter, the wardrobe is, after the bed, the second most important piece in any bedroom. This status is due to the fact that the bedroom tends to be the usual place to keep our clothes. The idea of a wardrobe conceived of as simply a heavy structure to put clothes in has shifted toward more elegant and sober conceptions, drawers and hangers to keep things in meticulous order, permitting a planned organization of the things to be kept in different places.

 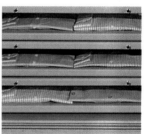 

Un armario con múltiples compartimentos puede proporcionarnos un almacenamiento cómodo para nuestra ropa. De Hülsta.

Un armadio con molteplici scomparti ci consente di mettere via comodamente. Di Hülsta.

A wardrobe with a multitude of compartments can provide convenient storage for our clothing. By Hülsta.

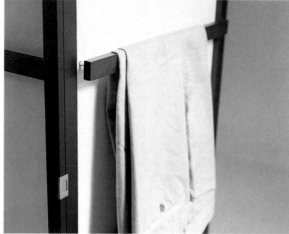

Los armarios diseñados para Horm,
a favor de la funcionalidad,
no pasan por alto ningún detalle.

Gli armadi disegnati per Horm,
a favore della funzionalità,
non trascurano nessus dettaglio.

The wardrobes designed for Horm,
with an eye to the functional and
close attention to each detail.

En la página siguiente,
Hülsta propone combinar la madera
con superficies traslúcidas.

Nella pagina successiva,
Hülsta propone combinare il legno
con superfici traslucide.

On the following page,
Hülsta proposes a combination
of wood and translucent surfaces.

En la parte superior y en la página siguiente, dormitorio Kanjo, de Möller Design. A la izquierda, soluciones para el orden en nuestros armarios de ropa. De Hülsta.

Nella parte superiore e nella pagina successiva, camera da letto Kanjo di Möller Design. A sinistra, soluzioni per l'ordine nei nostri armadi. Di Hülsta.

Above and following page, Kanjo bedroom, by Möller Design. On the left, ideas for organizing our wardrobes. by Hülsta.

En la columna de la izquierda, dormitorios Mia Daybed, de Möller Design.
En la parte superior, dormitorio de matrimonio, diseñado por Hülsta.

Nella colonna a sinistra, camere da letto Mia Daybed di Möller Design.
Nella superiore camera da letto matrimoniale disegnata da Hülsta.

In the column on the left, Mia Daybed bedrooms, by Möller Design.
Above, master bedroom, designed by Hülsta.

Estudios, despachos y bibliotecas

Studies, offices and libraries

Studi, uffici e biblioteche

A menudo, suele decirse que el saber no ocupa lugar. Sin embargo, desde el punto de vista de la decoración, el saber ocupa un lugar muy claro y, por este motivo, es muy habitual reservar una dependencia de la casa para dedicarla al estudio, a las tareas de carácter intelectual, al trabajo profesional o a recibir visitas de negocios. Gracias al valor otorgado al estudio y al desarrollo del mercado laboral, que precisa, cada vez más, profesionales capaces de trabajar desde sus casas, la habitación reservada al despacho ha ido ganando en importancia por delante de otras estancias. Si se dispone del espacio necesario, el estudio se situará en una habitación amplia y que reciba luz solar durante el mayor tiempo posible. Estas dos virtudes proporcionan unas condiciones inmejorables para que nuestro estudio se convierta en un lugar agradable, donde podamos trabajar cómodamente, sintiendo el transcurrir del tiempo casi sin darnos cuenta.

Fundamentalmente, el estudio contará con un escritorio, un mueble librería y aquel mobiliario adicional que pueda ayudarnos a albergar nuestros utensilios de trabajo. Al mismo tiempo, si se trata de una dependencia reservada a la producción o al desarrollo profesional, el despacho deberá contar con la infraestructura necesaria para almacenar los instrumentos y las herramientas que requiera el trabajo.

S pesso si sente dire che il sapere non ha un luogo. Contrariamente a quanto si dice, almeno dal punto di vista della decorazione, il sapere occupa un luogo molto chiaro e, per questa ragione, è molto comune riservare una stanza della casa allo studio, alle attività di carattere intellettuale, al lavoro professionale o a ricevere visite di affari. Grazie al valore che si conferisce allo studio e allo sviluppo del mercato del lavoro, che ha sempre più bisogno di professionisti in grado di lavorare da casa, lo studio ha acquistato con il passare del tempo molta importanza rispetto ad altre stanze. Se si ha a disposizione lo spazio necessario, lo studio va situato in una camera ampia con molta luce naturale per diverse ore al giorno. Queste due virtù conferiscono le condizioni fondamentali per poter fare del nostro studio un luogo gradevole, dove lavorare comodamente e dove il tempo scorra quasi impercettibile.

Di solito lo studio viene arredato con una scrivania, una libreria e il mobilio necessario a sistemare tutti gli utensili legati al nostro lavoro. Allo stesso tempo, se si tratta di una stanza riservata alla produzione o allo sviluppo professionale, l'ufficio dovrà avere l'infrastruttura necessaria per immagazzinare gli strumenti e gli utensili necessari al tipo di lavoro.

I t is often said that knowledge does not take up space. However, from the decorator's point of view, knowledge takes up a very definite space, and for this reason, it is usual to reserve a part of the home for study, for tasks of an intellectual nature, professional work or for receiving visits relating to business. Thanks to the high respect we have for study today, along with developments in the labor market, which calls for more and more professional people working out of their homes, the room reserved for use as an office has gained importance over other rooms. If the necessary space is available, it will be situated in a spacious room that gets as many hours of sunlight as possible. These two features provide optimal conditions to make our study a pleasant room where we can work comfortably, almost without noticing the time go by.

Basically the study will have a desk, a bookshelf and whatever additional furniture we might need to keep what we need for our work within easy reach. At the same time, if this is a room reserved for productive or professional activity, the office should have the facilities necessary to store the instruments and tools the work requires.

Estudios y despachos

Aunque todo despacho deba contar, fundamentalmente, con un escritorio, con una librería y con una iluminación generosa, debe encontrarse un mobiliario de estilo sobrio y depurado que permita concentrarnos y trabajar de manera cómoda y eficaz. Por este motivo, mantener ordenados los utensilios de trabajo, puede evitar la existencia de elementos de distracción que puedan entorpecer nuestras tareas.

Studi e uffici

Sebbene ogni studio debba avere, almeno, una scrivania, una libreria e una illuminazione generosa, va poi arredato con un mobilio dallo stile sobrio e lineare che consenta di concentrarsi e lavorare in modo comodo ed efficace. Per questo motivo, ottenere ordine tra gli utensili di lavoro, può evitare l'esistenza di elementi di distrazione che possano interferire nei vari compiti.

Studies and offices

Every office ought to have, fundamentally, a desk, a bookshelf and ample lighting, and the furniture selected for it should be sober and simple, permitting us to concentrate and work in a comfortable, efficient fashion. For this reason, keeping the things we need for work well organized can avoid distractions that get in our way when we are working.

Despacho de la colección Hülsta.

Ufficio della collezione Hülsta.

Office from the Hülsta collection.

Despacho Columbus, diseñado por Trip Trap.

Ufficio Columbus, disegnato da Trip Trap.

Columbus Office, designed by Trip Trap.

A la izquierda, silla de tablero de contrachapado de haya curvado Agora, diseñada por Bernal e Isern para Sellex. A la derecha, si se dispone de una librería de arriba a abajo de la pared, recomendamos el uso de una escalera plegable.

A sinistra, sedia di compensato di faggio curvato Agora, disegnata da Bernal e da Isern per Sellex. A destra, se si ha una libreria che occupa tutta l'altezza della parete, si consiglia di usare una scala pieghevole.

On the left, Agora table chair of curved beech plywood, designed by Bernal and Isern for Sellex. On the right, if you have a bookshelf going all the way up the wall, we recommend the use of a stepladder.

En la parte inferior y a la izquierda, silla de la serie Manhattan, diseñada por Paco Capdell. A la derecha, silla de la colección Hülsta.

Nella parte inferiore e a sinistra, sedia della serie Manhattan, disegnata da Paco Capdell. A destra, sedia della collezione Hülsta.

Below left, Manhattan series chair, designed by Paco Capdell. On the right, chair from the Hülsta collection.

En la parte superior, despacho de la colección Hülsta. En la página siguiente, la recuperación de muebles de época en los despachos produce efectos sorprendentes.

Nella parte superiore, ufficio della collezione Hülsta. Nella pagina successiva, il recupero dei mobili d'epoca negli uffici produce effetti sorprendenti.

Above, office from the Hülsta collection. On the following page, use of period furniture in offices produces surprising effects.

Las librerías modulares tienen la ventaja de permitir ampliar
su capacidad para dar cabida a nuevos libros. Si se dispone
del espacio necesario, como ocurre en la página siguiente,
se recomienda una librería que cubra toda la pared.

*Le librerie modulari hanno il vantaggio di consentire l'aumento
della propria capacità per dar spazio a libri nuovi. Se vi è
a disposizione lo spazio necessario, come avviene nella pagina
successiva, si consiglia una libreria che copra tutta la parete.*

**Modular bookshelves offer the advantage of being able
to enlarge capacity to hold new books. If the necessary
space is available, a bookshelf that covers the entire wall
is recommended.**

En parte superior, silla de despacho Legend, diseñada por Edy y Paolo Ciani. En parte inferior, silla Actor, diseñada por Adriano Balutto. Ambos despachos son de la colección Calligaris.

Nella parte superiore, sedia da ufficio Legend, disegnata da Edy e Paolo Ciani. Nella parte inferiore, Sedia Actor, disegnata da Adriano Balutto. Entrambi gli uffici sono della collezione Calligaris.

Above, Legend office chair, designed by Edy and Paolo Ciani. Below, Actor chair, designed by Adriano Balutto. Both offices are from the Calligaris collection.

En las páginas siguientes, despachos de la colección Hülsta.

Nelle pagine successive, uffici della collezione Hülsta.

On the following pages, offices from the Hülsta collection.

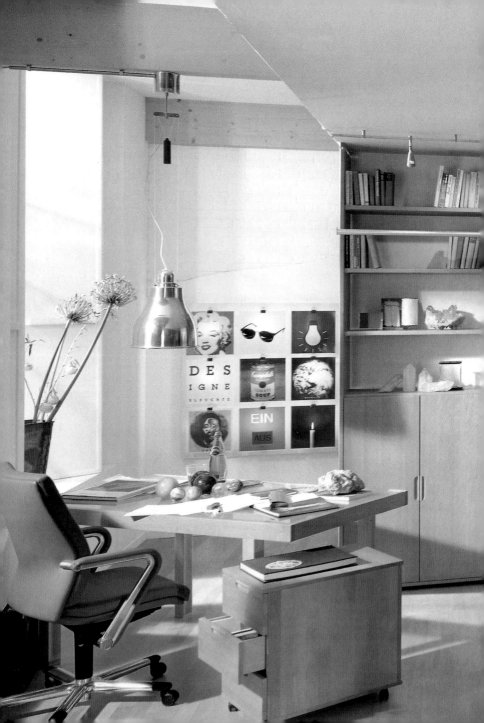

A la izquierda y en la página
siguiente, despacho
de la colección Calligaris.

*A sinistra e nella pagina
successiva, ufficio
della collezione Calligaris.*

On the left and the
following page, office
from the Calligaris collection.

X-Tisch, de Werner Aisslinger,
para Böwer.

*X-Tisch, di Werner Aisslinger,
per Böwer.*

X-Tisch, by Werner Aisslinger,
for Böwer.

East End, de Piero Lissoni, para
Matteo Grassi. Despacho
cuyo proyecto resalta una
elegancia discreta, casi invisible.

*East End di Piero Lissoni,
per Matteo Grassi. Ufficio il cui
progetto risalta una eleganza
discreta, quasi invisibile.*

East End, by Piero Lissoni,
for Matteo Grassi. Office
with a design that underlines
a discreet, almost invisible
elegance.

Mueble diseñado para Zeitraum.
Mobile disegnato per Zeitraum.
Cabinet designed for Zeitraum.

Estudios juveniles

Cada vez es más común que toda habitación destinada a un niño o a un adolescente prevea un rincón para el estudio. Una pequeña mesa de despacho, una silla cómoda preparada para pasar largos ratos y una buena iluminación, son los elementos necesarios para proporcionar un lugar acogedor para que el joven pueda desarrollar sus ejercicios de clase, leer, dibujar o pintar. Si la sobriedad es una de las características más valoradas por los adultos en sus despachos, los niños y los jóvenes prefieren el juego de colores y una yuxtaposición de elementos dispares que insinúen el caos. Sin embargo, además de una librería, las nuevas generaciones no olvidan reservar un lugar para el ordenador, las estanterías de CD's, los vídeojuegos o cualquier otro tipo de material audiovisual.

Studi per ragazzi

Sempre più spesso le stanze dei bambini o dei ragazzi prevedono un angolo per lo studio. Una piccola scrivania, una sedia comoda adatta per trascorrervi seduti lungo tempo e una buona illuminazione, sono gli elementi necessari per creare un ambiente accogliente dove i ragazzi possano svolgere i compiti a casa, leggere, disegnare o dipingere. Se la sobrietà è senza dubbio una delle caratteristiche preferite dagli adulti negli spazi riservati a studio, i bambini e i ragazzi preferiscono i colori accesi e la giustapposizione di elementi diversi che suggeriscano un certo caos. Inoltre, oltre ad una libreria, le nuove generazioni hanno l'esigenza di avere un luogo per il computer, per le mensole per i CD, per i videogiochi o per qualsiasi altro tipo di materiale audiovisivo.

Young people's studies

It is becoming more and more common for a room that is going to be used by a child or an adolescent to have an area set aside for study. A small desk, a comfortable chair on which to spend long hours and good lighting are the elements necessary to create an inviting spot where the young person can do homework, read, draw or paint. While a sober simplicity is one of the characteristics most highly valued by adults for their offices, young people tend to prefer an interplay of colors and a juxtaposition of contrasting elements that suggest a kind of chaos. Nonetheless, besides a bookshelf, younger generations need to reserve a spot for the computer, and shelves for CDs, video games or other types of audiovisual material.

Los muebles de reciclaje no son enemigos de los estudios con aire juvenil.

I mobili di riciclaggio non sono nemici degli studi per ragazzi.

Recycled furniture is not out of place in studies with a youthful air.

A la izquierda, mueble para albergar el equipo informático de la colección Hülsta. A la derecha, detalle de una mesa diseñada para Böwer.

A sinistra, mobile utilizzato per ospitare il computer della collezione Hülsta. A destra, dettaglio di un tavolo disegnato per Böwer.

On the left, piece for the computer and printer from the Hülsta collection. On the right, detail of a table designed for Böwer.

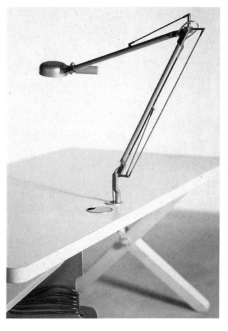

Silla Variable, diseñada por Peter Opsvik para Stokke. Favorece una posición sentada de equilibrio natural para la espalda.

Sedia Variable, disegnata da Peter Opsvik per Stokke. Favorisce una posizione che non altera l'equilibrio naturale della schiena.

Variable Chair, designed by Peter Opsvik for Stokke. It facilitates a sitting position with a natural balance for the back.

En la página siguiente, los espacios de planta abierta y los muebles de líneas limpias son ideales para aquellos que trabajan desde sus casas.

Nella pagina successiva, gli spazi aperti e i mobili dalle linee pulite sono ideali per coloro i quali lavorano da casa propria.

On the following page, open plan spaces and furniture with clean lines are ideal for people who work at home.

En estos estudios juveniles los decoradores han optado por colocar más de una mesa con la finalidad de crear distintas zonas de trabajo. En la parte superior, por ejemplo, tenemos una zona para trabajar con el ordenador, otra para leer o estudiar y una tercera zona para ver la televisión. En la página siguiente, una zona para el ordenador y una zona para la lectura, junto a la ventana.

In questi studi per ragazzi i decoratori di ambienti hanno deciso di collocare più di un tavolo allo scopo di creare distinte zone di lavoro. Nella parte superiore, ad esempio, abbiamo una zona per lavorare sul computer, un'altra per la lettura e per lo studio e una terza zona per guardare la televisione. Nella pagina successiva, una zona per il computer e una zona per la lettura, vicino alla finestra.

In these studies in a youthful style, the decorators have chosen to include more than one table, with the idea of creating different work areas. Above, for example, we have an area for work with the computer, another for reading or studying and a third area for watching television. On the following page, an area for the computer and an area for reading, next to the window.

En la parte superior, despachos de la colección Hülsta.

Nella parte superiore, uffici della collezione Hülsta.

Above, offices from the Hülsta collection.

En la página siguiente, dos mesas con ruedas y una estantería son los elementos que permiten crear un agradable ambiente artístico de trabajo.

Nella pagina successiva, due tavoli con ruote e una libreria sono gli elementi che consentono di creare un gradevole ambiente artistico di lavoro.

On the following page, two tables on wheels and a set of shelves are the elements that make it possible to create a pleasant, artistic work environment.

Despacho de líneas simples diseñado para Danona.

Ufficio dalle linee semplici disegnato per Danona.

Office in simple lines designed for Danona.

En la parte superior y en la parte inferior, la mesa Milano
con estructura de haya y la silla Egoa, de la misma madera
y en su versión de ruedas blandas, para no dañar el suelo
de madera. El container de aluminio Atlas sirve de cajonera de
apoyo. Todos ellos son diseños de Stua.

*Nella parte superiore e nella parte inferiore, il tavolo Milano
con struttura di faggio e la sedia Egoa, dello stesso legno
e nella versione a ruote morbide, per non danneggiare il
pavimento in legno. Il container di alluminio Atlas viene
utilizzato come cassettiera di appoggio. Tutti i disegni
proposti sono di Stua.*

Above and below, Milano table with beech structure
and an Egoa chair made of the same wood, in the version
with soft wheels so as not to damage the wooden floor.
The Atlas container of aluminum serves as a support chest
of drawers. All of these are designs by Stua.

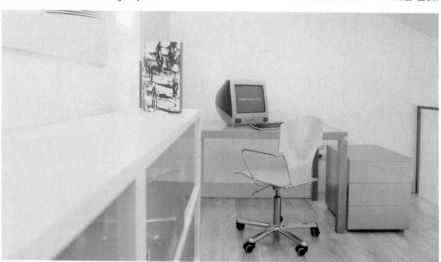

A la izquierda, se ha optado por colocar unos focos direccionales con la finalidad de dar mayor importancia a la zona de la librería. En la página siguiente, estudio de la colección Hülsta.

A sinistra, si è deciso di collocare alcuni faretti a luce specifica al fine di dar maggior importanza alla zona della libreria. Nella pagina successiva, studio della collezione Hülsta.

On the left, the choice has been to set up directional lamps in order to give a maximum importance to the bookshelf area. On the following page, study from the Hülsta collection.

Mesa de escritorio de cuatro cajones y puerta con cristal. De Domus Central.

Tavolo da scrittoio a quattro cassettoni e porta con cristallo. Di Domus Central.

Desk with four drawers and a glass door. From Domus Central.

Muebles librería

Los muebles librería son testigos de las largas horas viajando entre páginas y palabras de los amantes de la buena lectura. En plena era de debate entre los partidarios del libro tradicional en papel y los que apuestan, en cambio, por un nuevo libro en formato digital, el mueble librería continúa siendo, como lo ha sido a lo largo de toda la historia, un símbolo de categoría y status. Como un escaparate de antiguas lecturas, la librería es un mueble esencial para aquellos caracteres nostálgicos que aprecian el tacto y el olor de las palabras del pasado.

Mobili libreria

I mobili a libreria sono testimoni di lunghe ore di lettura tra le pagine e parole degli amanti della buona lettura. In piena era di dibattiti tra coloro i quali continuano a preferire di gran lunga il libro tradizionale su carta stampata e chi punta, invece, sul nuovo libro in formato digitale, la libreria continua ad essere, come sempre, un simbolo di categoria e status. Come una vetrina di letture antiche, la libreria è un mobile essenziale per coloro i quali hanno un carattere nostalgico cui piace molto il tatto e l'odore delle parole del passato.

Bookshelves

Bookshelves are witnesses to the long hours lovers of good reading spend journeying through pages and words. In the midst of the debate between defenders of the traditional book on paper and those enthusiasts, on the other hand, of a new kind of book in digital format, the bookshelf continues to be, as it has been down through history, a symbol of category and status. As a showcase of yesterday's reading, the bookshelf is an essential piece of furniture for those nostalgic persons who appreciate the touch and smell of words from the past.

Una librería de obra nos ofrece la elegancia de líneas austeras y esenciales.

Una libreria ricavata dal muro ci offre l'eleganza delle linee austere ed essenziali.

A built-in bookshelf offers us the elegance of austere, essential lines.

En la parte superior, una librería de obra forma parte de las líneas estructurales del edificio. En la parte inferior, el mueble librería se convierte en el elemento clave para separar dos ambientes. En la página siguiente, la librería es uno de los elementos fundamentales que convierte a un entorno en un espacio con cierto aire teatral.

Nella parte superiore, una libreria ricavata dal muro fa parte delle linee strutturali dell'edificio. Nella parte inferiore, il mobile libreria si converte nell'elemento chiave per separare due ambienti. Nella pagina successiva, la libreria è uno degli elementi fondamentali che fa di uno ambiente uno spazio con una certa atmosfera teatrale.

Above, a built-in bookshelf forms a part of the structural lines of the building. Below, the bookshelf becomes a key element for separating two environments. On the following page, the bookshelf is one of the fundamental elements that gives this space a certain theatrical touch.

Las librerías pueden adaptarse perfectamente a cualquier estancia. A la izquierda, la librería se integra en una galería luminosa, ambiente ideal para largas horas de lectura reposada. En la página siguiente la librería forma parte del dormitorio.

Le librerie possono adattarsi perfettamente a qualsiasi stanza. A sinistra, la libreria si integra in una galleria luminosa, ambiente ideale per le lunghe ore di tranquilla lettura. Nella pagina successiva la libreria fa parte della camera da letto.

Bookshelves can adapt themselves perfectly to any spot. On the left the bookshelf is part of a well-lit gallery, an ideal spot for long hours of leisurely reading. On the following page, the bookshelf is part of the bedroom.

Los estantes de la librería California pueden situarse en cualquier posición con un sistema de fijación invisible. Diseño de Luciano Bertoncini para Bellato.

Le mensole della libreria California possono essere collocate in qualsiasi posizione con un sistema di fissaggio invisibile. Disegno di Luciano Bertoncini per Bellato.

The shelves of the California bookshelf can be placed in any position with a system of invisible fastening. Design by Luciano Bertoncini for Bellato.

Librería FNP, diseñada por Axel Kufus, para Nils Holger Moormann.

Libreria FNP, disegnata da Axel Kufus, per Nils Holger Moormann.

FNP bookshelf, designed by Axel Kufus, for Nils Holger Moormann.

1543, diseñada por Jan Armgart,
para Nils Holger Moormann.

*1543, disegnata da Jan Armgart,
per Nils Holger Moormann.*

**1543, designed by Jan Armgart,
for Nils Holger Moormann.**

Mobiliario de despacho

La pieza de mobiliario esencial de toda habitación de estudio es un buen escritorio. Conviene saber con certeza qué tipo de tareas vamos a tener que desarrollar para poder escoger la mesa que más convenga. Una vez se decida qué mesa vamos a necesitar, pensaremos en la silla que deberá acompañarla. Aunque el diseño de sillas a menudo sorprenda por su originalidad, recomendamos el uso de sillas ergonómicas que permitan una postura cómoda que nunca pueda dañar la espalda después de largas horas de trabajo.

Mobili da ufficio

Il pezzo più importante ed essenziale dello studio è senz'altro la scrivania. Una delle prime cose da considerare è che tipo di compiti svolgeremo nello studio per poter, di conseguenza, scegliere il tavolo più conveniente alle nostre esigenze. Una volta che ci siamo decisi per il tavolo di cui abbiamo bisogno, penseremo alla sedia che lo accompagnerà. Sebbene il design delle sedie sorprenda spesso per la sua originalità, consigliamo l'uso di sedie ergonomiche che consentano una posizione comoda che non possa danneggiare la schiena dopo lunghe ore di lavoro.

Office furniture

The essential piece of furniture for any room devoted to study is a good desk. It is important to know exactly what sort of work we are going to be doing in order to choose the desk that is best for us. Once we have decided what desk we are going to need, we consider the chair that ought to go with it. Although chair design is often of surprising originality, we recommend the use of ergonomic chairs that permit a comfortable posture that will never cause back pain, even after long hours of work.

Despacho de la colección Calligaris.

Ufficio della collezione Calligaris.

Office from the Calligaris collection.

Líneas puras y sobrias forman la mesa Deneb, con estructura de aluminio. La silla Gas y el container Atlas también son diseño de Jesús Gasca para Stua.

Linee pure ed essenziali caratterizzano il tavolo Deneb, con struttura di alluminio. Anche la Sedia Gas e il container Atlas sono state disegnati da Jesús Gasca per Stua.

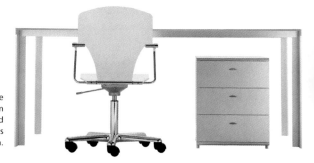

Clean, severe lines characterize the Deneb table, with an aluminum structure. The Gas chair and Atlas container are designs by Jesús Gasca for Stua.

Modelo Leonardo para Malofancon.

Modello Leonardo per Malofancon.

Leonardo model for Malofancon.

La silla Gas, diseñada por Jesús Gasca, es una silla ligera y fluida como un gas. En la parte inferior, las curvas del respaldo de la silla Globus, de Jesús Gasca, recogen la espalda proporcionando un confort envolvente. colección Stua.

La Sedia Gas, disegnata da Jesús Gasca, è una sedia leggera e fluida come un gas. Nella parte inferiore, le curve della spalliera della Sedia Globus, di Jesús Gasca, raccolgono la spalla offrendo una comodità avvolgente. collezione Stua.

The Gas chair, designed by Jesús Gasca, is a chair that is light and fluid like a gas. Below, the curves of the back of the Globus chair, by Jesús Gasca, support the back, providing all around comfort. Stua collection.

Bombo Chair, de Stefano Giovannoni, para Magis.

Bombo Chair di Stefano Giovannoni per Magis.

Bombo Chair, by Stefano Giovannoni, for Magis.

Silla Oceano, de Calligaris.

Sedia Oceano di Calligaris.

Oceano chair, by Calligaris.

Silla Droppe, diseñada
por Ilkka Terho, para Artek.

*Sedia Droppe disegnata
da Ilkka Terho per Artek.*

**Droppe chair, designed
by Ilkka Terho, for Artek.**

Silla Egoa, de Josep Mora,
para Stua. Un clásico del diseño
de los últimos tiempos.

*Sedia Egoa, di Josep Mora
per Stua. Un classico del design
degli ultimi tempi.*

**Egoa chair, by Josep Mora,
for Stua. A design classic
from recent years.**

Silla Globus,
de Jesús Gasca, para Stua.

*Sedia Globus,
di Jesús Gasca per Stua.*

Globus chair,
by Jesús Gasca, for Stua.

Silla Project, de Calligaris.

Sedia Project di Calligaris.

Project chair, by Calligaris.

Wing Balans, Multi Balans, Thatsit Balans y Variable, diseñadas por Peter Opsvik para Stokke.

Wing Balans, Multi Balans, Thatsit Balans e Variable, disegnate da Peter Opsvik per Stokke.

Wing Balans, Multi Balans, Thatsit Balans and Variable, designed by Peter Opsvik for Stokke.

Bombo Chair on Wheels, de Stefano Giovannoni, para Magis. Silla giratoria con cinco ruedas.

Bombo Chair on Wheels, di Stefano Giovannoni per Magis. Sedia girevole a cinque ruote.

Bombo Chair on Wheels, by Stefano Giovannoni, for Magis. Swivel chair with five wheels.

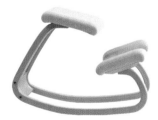

Silla Egoa, de Josep Mora, en su versión con ruedas.

Sedia Egoa di Josep Mora nella sua versione con ruote.

Egoa chair, by Josep Mora, in the version with wheels.

En esta página, Step, de Konstantin Grcic.
En la página siguiente, Pap, de Marcus Botsch.
Ambos modelos pertenecen a la prestigiosa colección
de Nils Holger Moormann.

In questa pagina, Step di Konstantin Grcic.
Nella pagina successiva, Pap di Marcus Botsch.
Entranbi i modelli appartengono alla prestigiosa
collezione di Nils Holger Moormann.

On this page, Step, by Konstantin Grcic.
On the following page, Pap, by Marcus Botsch.
Both belong to the prestigious
Nils Holger Moormann collection.

Cocinas

Kitchens

Cucine

La cocina es, por sus funciones, uno de los centros de fuerza esenciales de la casa. Es en ella donde comemos, donde lavamos, donde guisamos. Por este motivo, y adaptándonos siempre al espacio, a las luces, en definitiva, a las posibilidades que nos ofrezcan las instalaciones, conviene que decoremos la cocina conscientemente. Sin embargo, debemos encontrar un equilibrio, un punto medio entre la estética y la funcionalidad. La cocina debe ser un espacio bello que nos acompañe durante las comidas pero, al mismo tiempo, debe ser un espacio fácil de limpiar, que nos permita trabajar y cocinar cómodamente.

Como podremos ver en el capítulo que presentamos, una cocina debe tener como elementos esenciales aquellos utensilios que nos permitan realizar la preparación y el servicio de las comidas. Cada elemento adicional que coloquemos se explica, solamente, a partir del análisis de nuestros hábitos. Cada persona tiene su modo de entender y disfrutar de las comidas y, de este modo, cada vivienda adapta sus instalaciones a estos usos. La calidez de la madera, la funcionalidad del acero inoxidable, las mesas redondas o los mármoles. Desde el estilo más clásico a los diseños más informales, desde las líneas más puras, a los ambientes más recargados. Cada cocina debe lograr el diseño que resulte más práctico y atractivo pues, al fin y al cabo, la cocina es una de las habitaciones más usadas de la casa.

Per le sue funzioni la cucina è uno dei centri con maggior forza di tutta la casa. In essa infatti mangiamo, laviamo e prepariamo i nostri piatti migliori. Per questo motivo, e adattandosi sempre allo spazio, alla luce e, in definitiva alle possibilità che ci offrono le installazioni, è consigliabile decorare la cucina con giudizio. Ci conviene insomma trovare un punto di equilibrio tra estetica e la funzionalità. La cucina deve essere uno spazio bello che ci accompagna durante i nostri pranzi ma, allo stesso tempo, deve essere uno spazio facile da pulire che ci consenta di lavorare e cucinare comodamente.
Come vedremo in questo capitolo, la cucina deve avere come elementi essenziali quegli utensili che ci consentono la preparazione del cibo e quelli adatti a servirlo. Ogni elemento addizionale che collochiamo ha un significato solo in funzione delle nostre abitudini specifiche. Ogni persona ha un suo modo di intendere e usufruire dei pranzi e, in tal modo, ogni casa adatterà le proprie installazioni a questo tipo d'uso. L'atmosfera calda che crea il legno, la funzionalità dell'acciaio inossidabile, i tavoli rotondi o i marmi. Dallo stile più classico al design più informale, dalle linee più pure, agli ambienti più carichi. Ogni cucina deve avere la disposizione e il design più pratico e attraente considerando il fatto che la cucina è uno degli ambienti più utilizzati della casa.

The kitchen is, due to its functions, one of the essential focal points of the home. It is here that we eat, wash the dishes, cook. For this reason, adapting ourselves to the space, the light and, in general, to all the possibilities the installations offer, it is important to decorate the kitchen with care. However, we have to find a balance, a happy medium, between esthetics and practicality. The kitchen should be a place of beauty to accompany us during meals, but, at the same time, an area that is easy to clean and permits us to work and cook comfortably.

As we will see in the chapter that we are introducing here, the essential elements that a kitchen should have are the equipment that we need for preparing and serving meals. Each additional element that we add can only be understood in terms of our particular habits. Each person has his or her own way of understanding and enjoying food, and thus each home has to adapt its facilities to these preferences. The warmth of wood, the functionalism of steel, round tables or marble counters. From the most classic style to more informal designs, from the purest lines to more elaborate environments. Each kitchen should manage to have the design that is most practical and attractive, since, when all is said and done, the kitchen is one of the most frequently used rooms in the home.

Cocinas clásicas y rústicas

Las cocinas clásicas y rústicas suelen responder a carácteres íntimos y acogedores, para los que los desayunos en días de fiesta y las comidas familiares constituyen una atractiva invitación. Este estilo de cocinas requiere espacios amplios y mobiliario preferiblemente de madera. Son típicos los colores naturales que conceden un aire de sencillez que evoca tiempos pasados.

Cucine classiche e rustiche

Le cucine classiche e rustiche rispondono di norma a caratteri intimistici e accoglienti, sono adatte per coloro i quali considerano la colazione durante le giornate di festa e i pranzi in famiglia un'invito interessante.
Questo tipo di cucina richiede spazi ampi e mobilio preferibilmente di legno. Sono tipici i colori naturali che conferiscono un'aria di semplicità che ricorda tempi passati.

Classic and rustic kitchens

Classic and rustic kitchens tend to have a warm, intimate character that makes them an attractive invitation to holiday breakfasts and family meals. This kind of kitchen calls for plenty of space and furniture that is preferably of wood. Typical of these kitchens are natural colors that make for an air of simplicity that recalls years gone by.

Cocina modelo Flora de Febal Cucine.

Cucina modello Flora di Febal Cucine.

Flora model kitchen by Febal Cucine.

Modelo Village de Nobilia.

Modello Village di Nobilia.

Village model by Nobilia.

Cocina clásica Prestige de madera de nogal. Prestige, de Copat Cucine, es una cocina ideada para satisfacer el buen gusto.

Cucina classica Prestige di legno di noce. Prestige, di Copat Cucine, è una cucina ideata per soddisfare coloro i quali hanno un buon gusto.

Classic Prestige kitchen in walnut. Prestige, by Copat Cucine, is a kitchen conceived to meet high standards of good taste.

Modelo Medea de Febal Cucine.

Modello Medea di Febal Cucine.

Medea model by Febal Cucine.

Cocina diseñada para Siematic.
Cucina disegnata per Siematic.
Kitchen designed for Siematic.

Cocina Casale para Febal Cucine.
Cucina Casale per Febal Cucine.
Casale kitchen for Febal Cucine.

Modelo Castell 820 de madera
de roble para Nolte Küchen.

Modello Castell 820 di legno di rovere
per Nolte Küchen.

Castell 820 model in oak,
for Nolte Küchen.

Cocina Savoy 627 para Nobilia.

Cucina Savoy 627 per Nobilia.

Savoy 627 kitchen for Nobilia.

Dallas 611, de Nolte Küchen. La
parte frontal, de fresno blanco, crea
una elegante atmósfera rústica.

*Dallas 611, di Nolte Küchen. La
parte frontale, di frassino bianco,
crea un'elegante atmosfera rustica.*

**Dallas 611, by Nolte Küchen.
The cabinets, in white ash,
create an elegant
rustic atmosphere.**

Cocina diseñada para Leicht Küchen.

Cucina disegnata per Leicht Küchen.

**Kitchen designed for
Leicht Küchen.**

Cocina Stilnovo de madera de fresno,
para Copat Cucine.

*Cucina Stilnovo di frassino per
Copat Cucine.*

**Stilnovo kitchen in ash,
for Copat Cucine.**

Cocina Rosatea para Febal Cucine.

Cucina Rosatea per Febal Cucine.

**Rosatea kitchen for
Febal Cucine.**

Natura 292, para Nobilia.

Natura 292, per Nobilia.

Natura 292, for Nobilia.

Cocina Bohême,
diseñada por Febal Cucine.

*Cucina Bohême
disegnata da Febal Cucine.*

**Bohême kitchen,
designed by Febal Cucine.**

Cocina Rosatea de Febal Cucine.

Cucina Rosatea di Febal Cucine.

Rosatea kitchen by Febal Cucine.

Cocina Sinfonia, de Febal Cucine.

Cucina Sinfonia, di Febal Cucine.

Sinfonia kitchen by Febal Cucine.

En las páginas siguientes, cocina
modelo Prestige de Copat Cucine.

*Nelle pagine successive, cucina
modello Prestige di Copat Cucine.*

**On the following pages,
Prestige model kitchen
by Copat Cucine.**

Nostalgie 900, de Nolte Küchen, es una cocina elegante y espaciosa de madera de cerezo.

Nostalgie 900, di Nolte Küchen, è una cucina elegante e spaziosa di legno di ciliegio.

Nostalgie 900, by Nolte Küchen, is an elegant, spacious kitchen in cherrywood.

Cocina Salermo 700 de Nolte Küchen, de aire atemporal.

Cucina Salermo 700 di Nolte Küchen, dall'atmosfera atemporale.

Salermo 700 kitchen by Nolte Küchen, with a timeless air.

Modelo Maya, de Febal Cucine.

Modello Maya, di Febal Cucine.

Maya model, by Febal Cucine.

Cocina Bohême, ideada para Febal Cucine.

Cucina Bohême, ideata per Febal Cucine.

Bohême kitchen, conceived for Febal Cucine.

Modelo diseñado para Leicht Küchen.
Modello disegnato per Leicht Küchen.
Model designed for Leicht Küchen.

Cocina ideada para Leicht Küchen.
Cucina ideata per Leicht Küchen.
Kitchen designed for Leicht Küchen.

Modelo Casale,
concebido para Febal Cucine.

Modello Casale,
concepito per Febal Cucine.

Casale model,
conceived for Febal Cucine.

Cocinas para el siglo XXI

Cucine per il XXI secolo

Kitchens for the 21st century

El diseño actual de cocinas trata de adaptarse a nuestra vida contemporánea frenética. Para ello, la funcionalidad y el racionalismo, las líneas puras pero eficaces, se han convertido en directrices imprescindibles para cualquier modelo. En este apartado presentamos las cocinas para el siglo XXI, transformadas en nuevos laboratorios tecnológicos. En ellas, el acero, el vidrio, el metal y los materiales novedosos se han convertido, sin duda, en sus protagonistas.

Il design attuale delle cucine cerca di adattarsi alla nostra vita contemporanea caratterizzata da un ritmo frenetico. A questo fine, la funzionalità e il razionalismo, le linee pure ma efficaci, si sono convertite in direttrici imprescindibili per tutti i modelli. In questo capitolo, presentiamo le cucine per il XXI secolo, trasformate in nuovi laboratori tecnologici. In esse, l'acciaio, il vetro, il metallo e i materiali di ultima generazione sono diventati senza dubbio alcuno i grandi protagonisti.

Kitchen design today attempts to adapt itself to our frenetic contemporary way of life. For that reason, functionalism and rationality, clean, efficient lines have turned into indispensable guidelines for any model. In this section we present kitchens for the 21st century, transformed into new technological laboratories. In them, steel, glass, metal and new materials have evidently taken on a leading role.

Cocina Lido 430 de color cerezo. Sus puertas de forma cóncava son un elemento distintivo de elegancia. De Nolte Küchen.

Cucina Lido 430 di color ciliegio. Le porte a forma concava sono un elemento distintivo di eleganza. Di Nolte Küchen.

Lido 430 kitchen in cherry color. The concave doors are a distinctively elegant touch. By Nolte Küchen.

Cocina Tielsa Special para Casawell. Aluminio laminado combinado con madera de roble.

Cucina Tielsa Special per Casawell. Alluminio laminato combinato con legno di rovere.

Tielsa Special kitchen, for Casawell. Laminated aluminum in combination with oak.

Modelo Evergreen de Febal Cucine.

Modello Evergreen di Febal Cucine.

Evergreen model by Febal Cucine.

En la página anterior,
modelo Flipper para Febal Cucine.

Nella pagina precedente,
modello Flipper per Febal Cucine.

On the previous page,
Flipper model for Febal Cucine.

Cocina amplia y luminosa para
Poggen Pohl.

Cucina ampia e luminosa per
Poggen Pohl.

A bright, spacious kitchen
for Poggen Pohl.

Cocina diseñada por Poggen Pohl.

Cucina progettata da Poggen Pohl.

Kitchen designed by Poggen Pohl.

Elegante cocina de colores fríos para Poggen Pohl.

Elegante cucina dai colori freddi per Poggen Pohl.

Elegant kitchen in cool colors for Poggen Pohl.

Amplia cocina isla para Poggen Pohl.

Ampia cucina isola per Poggen Pohl.

Spacious kitchen island for Poggen Pohl.

Cocina diseñada para Siematic.

Cucina progettata per Siematic.

Kitchen designed for Siematic.

Cocina de la Colección Leicht.

Cucina della Collezione Leicht.

Kitchen from the Leicht collection.

Giamaica, de Copat, es una cocina de líneas esenciales que consigue su modernidad combinando el metal con el cerezo.

Giamaica, di Copat, è una cucina dalle linee essenziali, molto moderna grazie alla combinazione tra il metallo e il ciliegio.

Giamaica, by Copat, is a kitchen with essential lines that succeeds in achieving a modern look with its combination of metal and cherrywood.

Cocina ideada para Leicht.

Cucina ideata per Leicht.

Kitchen conceived for Leicht.

Modelo de Leicht Küchen.

Modello di Leicht Küchen.

Model from Leicht Küchen.

Cocina isla modelo Evergreen de Febal Cucine.
Cucina isola modello Evergreen di Febal Cucine.
Evergreen model kitchen island by Febal Cucine.

Modelo diseñado por Allmilmö.
Modello progettato da Allmilmö.
Model designed by Allmilmö.

Cocina Tielsa Special de Casawell. Lacado blanco combinado con madera de pino.

Cucina Tielsa Special di Casawell. Laccato bianco combinato con legno di pino.

Tielsa Special kitchen by Casawell. White lacquering combined with pine.

Dorado model
by Allmilmö.

*Modèle Dorado
d'Allmilmö.*

**Modell Dorado
vone Allmilmö.**

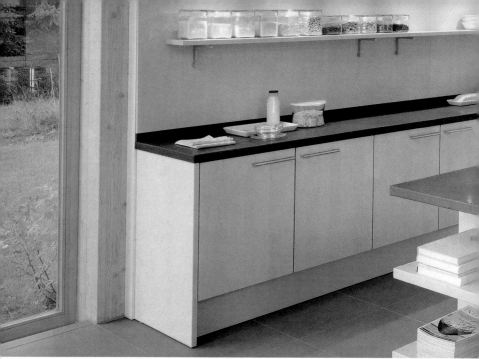

El modelo Avant 471 de Nolte crea un espacio de transición entre la zona de la cocina y el comedor.

Il modello Avant 471 di Nolte crea uno spazio di transizione tra la zona della cucina e la sala da pranzo.

The Avant 471 model by Nolte creates a transition area between the kitchen and the dining room.

Cocina Línea 795 de Nolte Küchen, de carácter abierta respecto a las demás dependencias de la casa.

Cucina Linea 795 di Nolte Küchen, con carattere aperto rispetto alle altre dipendenze della casa.

Línea 795 kitchen by Nolte Küchen, open to other parts of the house.

Cocina diseñada para
Poggen Pohl.

*Cucina disegnata per
Poggen Pohl.*

**Kitchen designed
for Poggen Pohl.**

Cocina de Poggen Pohl.

Cucina di Poggen Pohl.

Kitchen by Poggen Pohl.

Cocina de líneas elegantes
de la colección de Poggen Pohl.

*Cucina dalle linee eleganti
della collezione di Poggen Pohl.*

**A kitchen with elegant lines
from the Poggen Pohl collection.**

El modelo Avant 470 es una solución versátil para integrar la cocina en la sala comedor.

Il modello Avant 470 è una soluzione versatile per integrare la cucina alla sala da pranzo.

The Avant 470 model is a versatile solution for integrating kitchen and dining room.

Modelo Messina de Nobilia.

Modello Messina di Nobilia.

Messina model by Nobilia.

Modelo Alpina diseñado por Nobilia.

Modello Alpina disegnato da Nobilia.

Alpina model designed by Nobilia.

El modelo Roma 254-259 de Nolte Küchen ha sido especialmente diseñado para pisos, estudios o lofts donde la cocina se integra con el resto de la casa.

Il modello Roma 254-259 di Nolte Küchen è stato progettato proprio per appartamenti, monolocali o loft dove la cucina è integrata al resto della casa.

The Roma 254-259 model by Nolte Küchen has been specially designed for apartments, studios or lofts where the kitchen is integrated with the rest of the home.

Cocina Tielsa Special para Casawell.

Cucina Tielsa Special per Casawell.

Tielsa Special kitchen for Casawell.

Modelo Opal
diseñado por Nobilia.

*Modello Opal
disegnato da Nobilia.*

**Opal model
designed by Nobilia.**

Cocina isla
de la colección Siematic.

*Cucina isola
della collezione Siematic.*

**Kitchen island from
the Siematic collection.**

Cocina de líneas limpias diseñada por Poggen Pohl.

Cucina dalle linee pulite progettata da Poggen Pohl.

Kitchen with clean lines designed by Poggen Pohl.

Cocinas y estridencias

Las cocinas de color son una alternativa interesante cuando queremos que esta estancia se convierta en un lugar con carácter. Dos personas sentirán emociones diferentes ante un mismo tono; sin embargo, es cierto que el color, como elemento decorativo, no va a dejarnos indiferentes. Tanto si combinamos sus tonalidades por contraste como si lo hacemos por armonía, los amarillos chillones, los azules celestes o los encarnados aportarán un aire nuevo a la cocina.

Cucine e stridore

Le cucine colorate costituiscono un'alternativa interessante quando si desidera che questo spazio diventi un luogo con carattere.

Due persone proveranno emozioni diverse di fronte allo stesso colore, tuttavia, è noto che il colore come elemento decorativo, non lascia indifferenti. Sia nel caso in cui si combinano le tonalità in base ai contrasti che in base all'armonia; i gialli chiassosi, i blu celeste o i color carne apporteranno un'aria nuova alla nostra cucina.

Kitchens and color

Kitchens with color are an interesting alternative when we want to give the room character. Two different people feel different emotions when faced with the same hue; nonetheless, it is clear that color, as a decorative element, will not leave us unmoved. Whether we combine contrasting shades or opt for a certain harmony, sharp yellows, sky blues or bright reds bring a new touch to the kitchen.

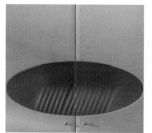  

Cocina modelo Lemon diseñada por Poggen Pohl.

Cucina modello Lemon disegnata da Poggen Pohl.

Lemon model kitchen designed by Poggen Pohl.

Cocina modelo Lemon de
Febal Cucine.

*Cucina modello Lemon
di Febal Cucine.*

**Lemon model kitchen
by Febal Cucine.**

Modelo de la Colección
Allmilmö.

*Cucina concepita da
Casawell.*

**Model from the
Allmilmö collection.**

Modelo Techno diseñado
por Nobilia Küchen.

*Modello Techno disegnato
da Nobilia Küchen.*

**Techno model designed
by Nobilia Küchen.**

En la página anterior, modelo Fina diseñado por Nobilia Küchen.

Nella pagina precedente, modello Fina disegnato da Nobilia Küchen.

On the previous page, Fina model designed by Nobilia Küchen.

Cocina de líneas simples y racionales de House Sistema.

Cucina dalle linee semplici e razionali di House Sistema.

A kitchen with simple, rational lines, by House Sistema.

Modelo Lago 319 para Nolte Küchen.

Modello Lago 319 per Nolte Küchen.

Lago 319 model for Nolte Küchen.

Modelo Sally diseñado para Febal Cucine.

Modello Sally disegnato per Febal Cucine.

Sally model designed for Febal Cucine.

Cocina de la colección House Sistema.

Cucina della collezione House Sistema.

Kitchen from the House Sistema collection.

En la página siguiente, cocina Star de Nobilia.

Nella pagina successiva, cucina Star di Nobilia.

On the following page, Star kitchen by Nobilia.

Modelo Techno concebido para Nobilia.

Modello Techno concepito per Nobilia.

Techno model conceived for Nobilia.

Cocina de House Sistema.

Cucina di House Sistema.

Kitchen by House Sistema.

Electrodomésticos

En la actualidad, los electrodomésticos juegan un papel de suma importancia en nuestras cocinas, pues se han convertido en nuestros aliados cuando se trata de facilitarnos las tareas que se desarrollan cerca de los fogones. Campanas, hornos, frigoríficos, lavadoras, lavavajillas o microondas compiten para ofrecernos las máximas prestaciones. Además de su diseño y sus funciones, será necesario que valoremos que los electrodomésticos que hemos escogido sean rápidos, seguros y que nos ayuden a economizar energía, pues su uso debe suponernos, al fin y al cabo, un ahorro real de tiempo.

Elettrodomestici

Attualmente, gli elettrodomestici svolgono un ruolo di grande importanza nelle nostre cucine, infatti sono diventati i nostri alleati quando si tratta di renderci più comodi i compiti che si svolgono di norma davanti ai fornelli. Campane, forni, frigoriferi, lavatrici, lavastoviglie o forni a microonde competono tra loro per offrirci le massime prestazioni. Oltre al loro design e alle loro funzioni è bene valutare che gli elettrodomestici che abbiamo acquistato siano veloci, sicuri e che ci aiutino a risparmiare energie, il loro uso in fondo deve costituire un risparmio reale di tempo per noi.

Appliances

Currently, appliances play a major role in our kitchens, since they have become our allies, making the work we do there easier. Extractor hoods, ovens, refrigerators, washing machines, dishwashers and microwaves are all competing to offer us the best in services. Besides their design and functions, it is necessary for us to be sure that the appliances we choose are fast, safe and help us to economize on energy, since using them, means, when all is said and done, real savings in time.

Cocina isla de la colección Leicht.

Cucina isola della collezione Leicht.

Kitchen island from the Leicht collection.

Campanas de la Colección de Siemens.

Campane della Collezione di Siemens.

Extractor hoods from the Siemens collection.

Campana decorativa de Nolte Küchen.

Campana decorativa di Nolte Küchen.

Decorative extractor hood by Nolte Küchen.

Lavavajillas de la colección Siemens.

Lavastoviglie della collezione Siemens.

Dishwasher from the Siemens collection.

Parte interior del lavavajillas Siemens.

Parte interna della lavastoviglie Siemens.

Inside view of the Siemens dishwasher.

Frontal de acero para la Colección Siemens.	Modelo de lavavajillas para Siemens.
Frontale di acciaio per la Collezione Siemens.	*Modello di lavastoviglie per Siemens.*
Steel front for the Siemens collection.	**Dishwasher model for Siemens.**

Colección de hornos diseñados para
Siemens. En la página siguiente, modelo
de microondas de Nolte Küchen.

*Collezione di forni progettati per
Siemens. Nella pagina successiva,
modello di forno a microonde
di Nolte Küchen.*

Collection of ovens designed
for Siemens. On the following
page, microwave model by
Nolte Küchen.

En esta primera columna, frigoríficos Old Style, de Rosières.

In questa prima colonna, frigoriferi Old Style, di Rosières.

In this first column, Old Style refrigerators, by Rosières.

Frigorífico de la colección Old Style.

Frigorifero della collezione Old Style.

Refrigerator from the Old Style collection.

Frigorífico con reloj incorporado, Whirlpool.

Frigorifero con orologio i ncorporato, Whirlpool.

Refrigerator with built-in clock, Whirlpool.

Nevera Fr-700 CB de Daewoo.

Friforifero Fr-700 CB di Daewoo.

Fr-700 CB refrigerator by Daewoo.

Frigorífico Oz, Zanussi.

Frigorifero Oz, Zanussi.

Oz refrigerator, Zanussi.

Refrigerador y congelador de Gaggenau.

Frigorifero e congelatore di Gaggenau.

Refrigerator and freezer by Gaggenau.

Frigorífico Whirlpool.

Frigorifero Whirlpool.

Whirlpool refrigerator.

Nevera de la Colección Siemens.

Frigorifero della Collezione Siemens.

Refrigerator from the Siemens collection.

Nevera Syde by Syde, Gaggenau.

Frigorifero Syde by Syde, Gaggenau.

Syde by Syde refrigerator, Gaggenau.

En página siguiente, frigorífico de la Colección Siemens.

Nella pagina successiva, frigorifero della Collezione Siemens.

On the following page, refrigerator from the Siemens collection.

En parte inferior de izquierda a derecha, frigorífico Candy, modelo Bodega, para Gaggenau, frigorífico Old Style de Rosières y nevera FR-700 CB* de Daewoo.

Nella parte inferiore, da sinistra a destra, frigorifero Candy, modello Bodega, per Gaggenau, frigorifero Old Style di Rosières e frigorífero FR-700 CB di Daewoo.*

Below from left to right, Candy refrigerator, Bodega model, for Gaggenau, Old Style refrigerator by Rosières and FR-700 CB* refrigerator by Daewoo.

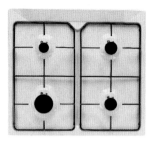

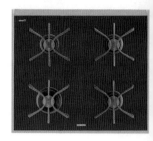

Cocina de vitrocerámica
diseñada para Nolte.

*Cucina in vetroceramica
progettata per Nolte.*

**Glass-ceramics range top
designed for Nolte.**

Colección de fogones para Siemens.

Collezione di fornelli per Siemens.

Collection of burners for Siemens.

Soluciones para el orden

Soluzioni per l'ordine

Organizers

Con la finalidad de conseguir un orden meticuloso en nuestra cocina, es importante saber otorgar un lugar para cada cosa. Lograr tener a mano y, al mismo tiempo, en orden la gran cantidad de utensilios que solemos conservar, nos garantiza un perfecto almacenaje. El orden impecable de los platos y los cacharros, siempre limpios, asegura que las horas que pasamos en la cocina se conviertan en momentos agradables en los que podemos trabajar eficaz y cómodamente.

Allo scopo di ottenere un ordine meticoloso nella nostra cucina, è importante saper conferire un luogo per ogni singola cosa. Tenere a portata di mano e allo stesso tempo in ordine, la grande quantità di utensili che conserviamo, ci garantisce una perfetta disposizine. L'ordine impeccabile tra i piatti e gli utensili in genere, sempre puliti, garantisce che le ore trascorse in cucina siano momenti molto gradevoli in cui possiamo lavorare in modo efficace e comodo.

In order to achieve efficient organization in our kitchen it is important to know how to provide a place for everything. The ideal is to have at hand and at the same time in perfect order the vast number of utensils we need to work with. A meticulous organization of the dishes, pots and pans, always clean, ensures that the hours we spend in the kitchen will become pleasant periods of time when we can work efficiently and comfortably.

Star 274 de Nolte Küchen es una propuesta inteligente para las cocinas con poco espacio.

Star 274 di Nolte Küchen è una proposta intelligente per le cucine con poco spazio.

Star 274 by Nolte Küchen is an intelligent alternative for kitchens with limited space.

Cajón con divisiones de madera para Casawell.

Cassetto con divisione di legno di Casawell.

Wooden drawer with compartments for Casawell.

Cajón despensa de Poggen Pohl.

Cassetto dispensa di Poggen Pohl.

Pantry drawer by Poggen Pohl.

Solución para guardar las ollas de Leicht.

Soluzione per conservare le pentole di Leicht.

A different idea for storing pots, by Leicht.

Cajón para la cubertería de Poggen Pohl.

Cassetto per le posate di Poggen Pohl.

Silverware drawer by Poggen Pohl.

Propuesta para el almacenaje de las ollas en las cocinas Leicht.

Proposta per conservare le pentole nelle cucine Leicht.

An idea for storing pots in Leicht kitchens.

Casawell y Nolte Küchen, en página siguiente, muestran sus soluciones para guardar recipientes.

Casawell e Nolte Küchen., nella pagina successiva, mostrano le loro soluzioni per conservare le pentole.

Casawell and Nolte Küchen, on the following page, show their alternatives for storing kitchen utensils.

Febal Cucine propone múltiples cajones.

Febal Cucine propone cassetti multipli.

Febal Cucine offers multiple drawers.

Nolte Küchen. Almacenaje a partir de pequeñas subdivisiones.

Nolte Küchen. Imagazzinaggio a partire da piccole sottodivisioni.

Nolte Küchen. Storage using small subdivisions.

Cajones para la cocina Milano Nuovo de Allmilmö.

Cassetti per la cucina Milano Nuovo di Allmilmö.

Drawers for the Milano Nuovo kitchen by Allmilmö.

Cajones diseñados para la cocina Ponte de Allmilmö.

Cassetti progettai per la cucina Ponte di Allmilmö

Drawers designed for the Ponte de Allmilmö kitchen.

Poggen Pohl propone un lugar donde ordenar las tapaderas.

Poggen Pohl propone un luogo in cui ordinare i coperchi.

Poggen Pohl proposes a place to keep covers.

Subdivisiones de madera de haya para Casawell.

Sottodivisione di legno di faggio per Casawell.

Subdivisions in beech for Casawell.

Despensa para la Colección Casawell.

Dispensa per la Collezione Casawell.

Storage space for the Casawell collection.

Casawell propone cajones de madera de haya para conseguir un orden impecable.

Casawell propone casetti di legno di faggio per ottenere un'ordine impeccabile.

Casawell offers beech drawers to provide perfect organization.

Los topes de Leicht son una solución para guardar los platos sin que se rompan.

I fermi di Leicht sono la soluzione per ordinare i piatti senza che si rompano.

Leicht stops are an alternative for storing plates so that they do not get broken.

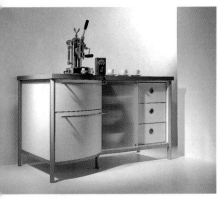

Programa modular para la Colección Leicht.

Programma modulare per la Collezione Leicht.

Module for the Leicht collection.

Puertas correderas de vidrio translúcido Tielsa, combinación perfecta entre funcionalidad y estética.

Porte scorrevoli di vetro trasludico Tielsa, combinazione perfetta tra funzionalità ed estetica.

Tielsa sliding doors of translucent glass, a perfect combination of function and esthetics.

Vitrinas para el modelo Milano Nuovo de Allmilmö.

Vetrine per il modello Milano Nuovo di Allmilmö.

Glass cases for the Milano Nuovo model by Allmilmö.

Casawell propone iluminación dentro de las vitrinas para Tielsa Ancona.

Casawell propone illuminazione all'interno delle vetrine per Tielsa Ancona.

Casawell proposes lighting inside the glass cases for Tielsa Ancona.

En la página siguiente, Febal Cucine propone para los armarios de Evergreen puertas de vidrio translúcido.

Nella pagina successiva, Febal Cucine propone per gli armadi di Evergreen porte di vetro traslucido.

On the following page, Febal Cucine proposes translucent glass doors for the Evergreen cupboards.

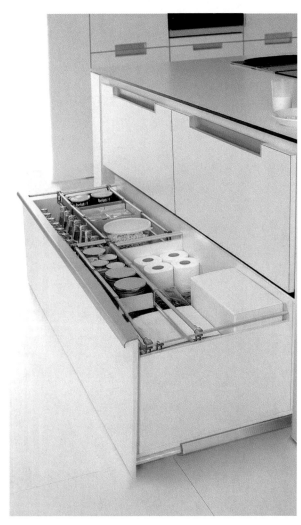

Poggen Pohl presenta cajones
de gran profundidad.

*Poggen Pohl presenta cassetti
di grande profondità.*

**Poggen Pohl presents
deep drawers.**

Alacena diseñada para
Poggen Pohl.

*Alacena disegnata per
Poggen Pohl.*

**Cupboard designed
for Poggen Pohl.**

1543, diseñado por Jan Armgardt,
es una apuesta por la línea fluida para
Nils Holger Moormann.

*1543, disegnato da Jan Armgardt,
è una proposta per la linea fluida
per Nils Holger Moormann.*

**1543, designed by Jan Armgardt,
opts for a flowing line
for Nils Holger Moormann.**

Cajón refrigerador de Casawell.

Cassetto refrigeratore di Casawell.

Refrigerator drawer by Casawell.

Clasificador para los desechos diseñado para Nolte Küchen.

Classificatore per le immondizie disegnato da Nolte Küchen.

Waste sorter designed for Nolte Küchen.

En página siguiente, Leicht propone mantener los objetos a la vista.

Nella pagina successiva, Leicht propone mantenere gli oggetti in vista.

On the following page, Leicht proposes objects in plain sight.

Centro de reciclado Tielsa Special.

Centro di riciclabile Tielsa Special.

Tielsa Special recycling center.

Área de preparación de comidas para Casawell.

Area di preparazione di cibi per Casawell.

Food preparation area for Casawell.

Baños

Bathrooms

hart

Bagni

El baño es la estancia del agua, donde nos limpiamos y nos arreglamos. Durante mucho tiempo, el cuarto de baño, siendo una estancia tabú, era la dependencia más castigada de la vivienda en el momento de diseñar su distribución. Si el salón, los dormitorios o el estudio ocupaban la situación más privilegiada de la casa, al baño, en cambio, se le asignaba una zona lúgubre, pequeña y poco iluminada. Este tipo de distribución en las viviendas respondía a valores para los cuales el baño significaba una habitación vergonzosa e inevitable.

Lejos de estos viejos complejos, los baños han sido trasladados a estancias más amplias y luminosas de la casa, dando rienda suelta a propuestas en favor de la tecnología y el diseño. Clásicos, rústicos o minimalistas, de materiales novedosos o de madera antigua, los baños se han convertido, para decoradores e interioristas, en nuevos espacios de experimentación. Muchas veces, los baños se han asociado a las cocinas: el tipo de maquinaria que se utilizan y las actividades que se llevan a cabo requieren un uso de materiales resistentes al agua y a la humedad muy similar en ambas estancias.

Il bagno è la camera dell'acqua, l'area della casa dove ci laviamo e ci sistemiamo. Per molto tempo, il bagno, essendo una camera quasi tabù, era la dipendenza più castigata della casa nel momento in cui si procedeva a progettarne la distribuzione. Se il salotto, le camere da letto o lo studio erano le abitazioni privilegiate della casa, il bagno, al contrario era relegato in una zona scura, piccola e poco illuminata. Questo genere di distribuzione dello spazio nella casa ovviamente rispondeva a dei valori per cui il bagno era considerato una camera vergognosa ma inevitabile.

Oggi, una volta superati questi complessi, le stanze da bagno hanno ottenuto zone più ampie e luminose della casa, dando via libera a nuove proposte che tendono a privilegiare la tecnologia e il design. Classici, rustici o minimalisti, con materiali nuovi o con legno antico, i bagni sono diventati, per decoratori di interni, in veri e propri spazi con cui sperimentare. Molto spesso il bagno è stato associato alla cucina. Il tipo di macchinari che vengono usati nelle attività che si effettuano nel bagno, richiedono l'uso di materiali resistenti all'acqua e all'umidità molto simili in entranbe le stanze.

The bathroom is a room with water, where we wash and make ourselves presentable. For a long time the bathroom, being a kind of taboo area, was the most underrated room in the house when it came time to design the distribution. While the living room, bedrooms or study occupied the most privileged locations in the house, the bathroom, on the other hand, was allocated to a gloomy, cramped, ill-lit area. This sort of distribution in the home corresponded to a set of values in which the bathroom was a part of the house that was embarrassing if unavoidable.

Far removed from those old complexes, bathrooms have now been moved to the brightest and most spacious parts of the home, giving free rein to new ideas in technology and design. Classic, rustic or minimalist, using innovative materials or old wood, bathrooms have become areas for experiment for decorators and interior designers. Bathrooms have often been likened to kitchens; the type of installations used and the activities carried on in both places call for materials that are resistant to water and humidity.

Baños rústicos

Sin dar la espalda a la tecnología, decoradores e interioristas han apostado por la recuperación de una estética antigua para dar vida y calidez personal a nuestros cuartos de baño. Se trata de una apuesta por el reciclaje de viejos modelos, retomados con una sensibilidad moderna nueva. El juego de rescatar viejas fórmulas y adaptarlas a nuevos contextos aporta resultados sorprendentes: los viejos cuartos de baño, sombríos y tristes, ahora sonríen como nuevos espacios de sensibilidad e imaginación, fragilidad y nostalgia.

Bagni rustici

Senza girare la schiena alla tecnologia, molti decoratori di interni cercano di recuperare un'estetica antica per dare vita e un certa atmosfera di accoglienza ai nostri bagni. Si tratta di una chiara tendenza a riciclare vecchi modelli, aggiornandoli con una nuova sensibilità moderna. Questo gioco di recuperare vecchie formule ed adattarle ai nuovi contesti implica a volte risultati sorprendenti: i vecchi bagni sombri e tristi, si sono convertiti in nuovi spazi di sensibilità e immaginazione, fragilità e nostalgia.

Old fashioned bathrooms

While not turning their backs on technology, decorators and interior designers have opted for the recovery of an old-fashioned esthetic to fill our bathrooms with life and personal warmth. This involves recycling old models, inspiring them at the same time with a new, modern sensibility. The task of reviving old formulas and adapting them to new contexts brings surprising results. Those old, dismal and depressing bathrooms are now smiling, new spaces full of sensibility and imagination, delicacy and nostalgia.

La sobreposición de elementos puede dar como resultado un ambiente cálido y personal.

La sovrapposizione di elementi può comportare un ambiente caldo e personale.

The contrast of different elements can result in a warm, personal atmosphere.

El juego de ondas sobre el violeta pálido del muro y la esencialidad del detalle más imperceptible son testigos de la delicadeza y de la fragilidad de este baño decorado por Pepa Poch. En la parte inferior izquierda, el privilegio y la elegancia de un lavamanos de antaño.

Il gioco delle onde sul violetta pallido della parete e l'essenzialità del dettaglio più impercettibile testimoniano la delicatezza e la fragilità di questo bagno decorato da Pepa Poch. Nella parte inferiore sinistra, una testimonianza del privilegio e dell'eleganza che da lavandino antico.

The interplay of waves against the pale violet of the wall and the stylish simplicity of the most imperceptible details testify to the delicacy and fragile charm of this bathroom decorated by Pepa Poch. Below left, the privileged elegance of a washbasin from years gone by.

A menudo, el estilo clásico se consigue a partir de la contraposición entre el diseño de sanitarios más actual y los elementos de contexto propios de otra época. En la página siguiente, en cambio, la calidez del estilo rústico es resultado del color ocre y de un tratamiento especial que se ha dado a las paredes.

Spesso e volentieri, lo stile classico si ottiene a partire dalla contrapposizione tra il disegno dei sanitari più attuale e gli elementi di contesto propri di altre epoche.
Nella pagina successiva, invece, il calore dello stile rustico è il risultato che da il colore ocra e un trattamento speciale che è stato dato alle pareti.

The classic style is often achieved through a blend of the most modern design for bathroom fixtures with elements that seem to come from the context of another age. On the following page, on the other hand, the rustic style is the result of the use of the color ochre and a special treatment of the walls.

El gusto por lo clásico apuesta por la restauración de piezas antiguas, combinándolas con materiales actuales. En estas imágenes, podemos comprobar como, a favor de esta moda nostálgica, los fabricantes de accesorios de baño han apostado por la recuperación de diseños que hasta ahora parecían obsoletos.

Il gusto per il classico invita a restaurare pezzi antichi, combinandoli con materiali attuali. In queste immagini, possiamo verificare come, favorendo questa moda nostalgica, i fabbricanti di accessori da bagno puntano a recuperare disegni che fino al momento attuale sembravano più che obsoleti.

A taste for the classic mode often opts for restoring old pieces and combining them with current materials. In these pictures we can see how, in keeping with this nostalgic fashion, manufacturers of bathroom fixtures have gone in for designs that seemed obsolete until now.

A menudo, la calidez del estilo rústico se consigue mediante la yuxtaposición de múltiples elementos que, con su presencia, evitan la desnudez de la estancia.

Lo stile rustico è piuttosto caldo e questa sensazione si ottiene mediante la giustapposizione di molteplici elementi che con la loro presenza, evitano che la camera sia troppo spoglia.

The warmth of the rustic style is often achieved through the juxtaposition of several different elements that avoid a feeling of bareness in the room.

En la página siguiente, baño para almas nostálgicas diseñado para la colección Bis Bis Imports Boston.

Nella pagina successiva, bagno per nostalgici disegnato per la collezione Bis Bis Imports Boston.

On the following page, a bathroom for nostalgic spirits designed for the collection of Bis Bis Imports Boston.

Baños de vanguardia

Lejos del barroquismo clásico, las corrientes de decoración actuales desafían al futuro con diseños de líneas depuradas y esenciales. Privilegiando al blanco, deleitándose con el vacío, los baños de vanguardia son espacios ideados para combatir el caos y el eterno zumbido de la vida en ciudad. Concebidos como pequeños balnearios privados, los nuevos templos de la higiene buscan convertirse en lugares de sosiego, donde el bienestar y el goce estén garantizados.

Bagni d'avanguardia

Le correnti decorative attuali sfidano il futuro con disegni dalle linee depurate ed essenziali dimostrando di essere molto ma molto lontano dalle linee del barocco classico. I bagni moderni sono spazi ideati per combattere il caos e il continuo rumore della vita in città; privilegiano il bianco e apprezzano gli spazi vuoti. Concepiti come piccoli balneari privati, i nuovi templi dell'igiene cercano di diventare luoghi di relax, dove il benessere e il piacere sono garantiti.

Innovative bathrooms

Far from the baroque complexity of the classic style, today's trends in decoration challenge the future with designs using clean, essential lines. Favoring the use of white, delighting in empty space, today's innovative bathrooms are zones devised to combat the chaos and incessant buzz of city life. Conceived as little private spas, these new temples to personal hygiene seek to become islands of calm, where a sense of well-being and pleasure are guaranteed.

La colección Mylife, de Laufen, ha sido ideada pensando en la satisfacción del bienestar.

La collezione Mylife di Laufen è stata ideata pensando nel soddisfare la necessità di benessere.

The Mylife collection, by Laufen, has been designed with a sense of well-being in mind.

Colección Container (superior derecha y superior izquierda)
diseñada por Xavier Claramunt para Cosmic. Comercializada por Aixeta d'Or.

Collezione Container (in alto a destra e in alto a sinistra)
disegnata da Xavier Claramunt per Cosmic. Commercializzata da Aixeta d'Or.

Container collection (above right and left)
designed by Xavier Claramunt for Cosmic. Sold by Aixeta d'Or.

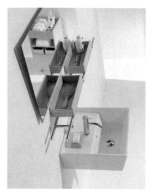

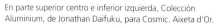
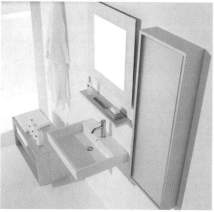

En parte superior centro e inferior izquierda, Colección
Aluminium, de Jonathan Daifuku, para Cosmic. Aixeta d'Or.

Collezione Aluminium di Jonathan Daifuku per Cosmic, zona
superiore centrale e in basso a sinistra. Aixeta d'Or.

Above center and below left, Aluminum collection,
by Jonathan Daifuku, for Cosmic. Aixeta d'Or.

Colección New Look de Cosmic,
comercializada por Aixeta d'Or.

Collezione New Look di Cosmic,
commercializzata da Aixeta d'Or.

New Look collection by Cosmic,
sold by Aixeta d'Or.

System, para Cosmic. Diseño de Ricard Ferrer. Aixeta d'Or.

System per Cosmic. Progetto di Ricard Ferrer. Aixeta d'Or.

System, for Cosmic. Design by Ricard Ferrer. Aixeta d'Or.

En esta página, la Colección Tesi, de gran personalidad y originalidad. A partir de una estructura de acero inoxidable se construye el resto. Tulli Zuccari.

In questa pagina, la Collezione Tesi, di gran personalità e originalità. A partire da una struttura d'acciaio inossidabile si costruisce il resto. Tulli Zuccari.

On this page, the Tesi collection, with great personality and originality. Built on a stainless steel structure. Tulli Zuccari.

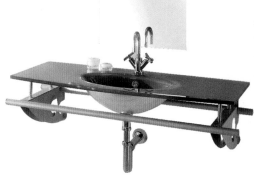

A la derecha, colección Dadi, para Tulli Zuccari.

A destra, collezione Dadi per Tulli Zuccari.

On the right, Dadi collection, for Tulli Zuccari.

En las páginas siguientes, amplitud, elegancia y confort en la línea Mylife, para Laufen.

Nelle pagine successive, ampiezza, eleganza e comfort nella linea Mylife per Laufen.

On the following pages, spaciousness, elegance and comfort in the Mylife line, for Laufen.

Azul y blanco. Pureza y elegancia, para Bis Bis Imports Boston.

Blu e bianco. Purezza ed eleganza per Bis Bis Imports Boston.

Blue and white. Purity and elegance, for Bis Bis Imports Boston.

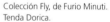

Colección Fly, de Furio Minuti. Tenda Dorica.

Collezione Fly di Furio Minuti. Tenda Dorica.

Fly collection, by Furio Minuti. Tenda Dorica.

A través del espejo descubrimos el encanto, también a la penumbra, de un baño en azul. A la izquierda, una mampara de vidrio es una solución vanguardista para una estancia donde reinan las líneas depuradas.

Attraverso lo spazio scopriamo il fascino, anche in penombra, di una camera da bagno blu. A sinistra, una mampara di vetro è la soluzione più moderna per una camera in cui dominano le linee depurate.

In the mirror we find the charm, even in half-light, of a bathroom in blue. On the left, a glass partition is an avant-garde solution for a room dominated by clean lines.

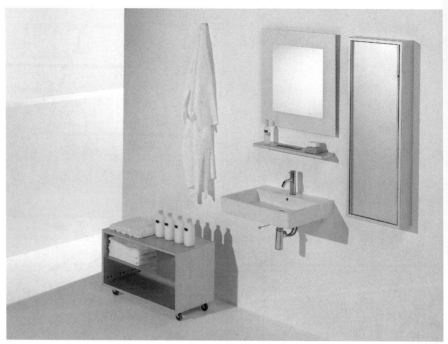

En parte superior, New Look. Inferior izquierda,
Colección Container. Inferior centro, System, de Cosmic. Para Aixeta d'Or.

In alto New Look. In basso a sinistra
Collezione Container. In basso al centro System di Cosmic. Per Aixeta d'Or.

Above, New Look. Below left, Container collection.
Below center, System, by Cosmic. For Aixeta d'Or.

En la página anterior, parte inferior derecha, Colección de estanterías Binario, de Luca Carniato.
En esta página, grandes espejos con marcos de aluminio anodizado Extra Large, de Luciano Bertoncini. Para Bellato.

Nella pagina anteriore, in basso a destra, Collezione di mensole Binario di Luca Carniato.
In questa pagina, grandi specchi con cornice in alluminio anodizzato Extra Large di Luciano Bertoncini. Per Bellato.

On the previous page, below right, Binario shelf collection, by Luca Carniato.
On this page, Extra Large big mirrors in anodized aluminum frames by Luciano Bertoncini. For Bellato.

Colección Mylife, de Laufen.

Collezione Mylife di Laufen.

Mylife collection, by Laufen.

En la página siguiente, lavabo de gres porcelánico Low, de Altro. Pureza de líneas y alta calidad de materiales.

Nella pagina successiva, lavello di gres porcellanaceo Low di Altro. Purezza delle linee e gran qualità dei materiali.

On the following page, Low porcelain washbasin, by Altro. Purity of line and high quality materials.

Lavabo Low semiencastado en encimera. Diseño de Rubén Mas, para Altro.

Lavello Low semi-incastrato sul piano di lavoro. Disegn di Rubén Mas per Altro.

Low washbasin semi-inset in the counter. Design by Rubén Mas, for Altro.

Fly, diseñado por Furio Minuti. Tenda Dorica.

Fly, disegnato da Furio Minuti. Tenda Dorica.

Fly, designed by Furio Minuti. Tenda Dorica.

A la izquierda, diseño para Bis Bis Imports Boston.

A sinistra, disegno per Bis Bis Imports Boston.

On the left, design for Bis Bis Imports Boston.

En la página siguiente, Domus Central.

Nella pagina successiva, Domus Central.

On the following page, Domus Central.

Fly, de Furio Minuti, para Tenda Dorica.

Fly, di Furio Minuti per Tenda Dorica.

Fly, by Furio Minuti, for Tenda Dorica.

Combinar la madera clara y la porcelana blanca
es una solución perfecta para los caracteres puros.

*Combinare il legno chiaro e la porcellana bianca
è una soluzione perfetta per i caratteri puri.*

**Combining light-colored wood and white porcelain
is a perfect solution for people in search of purity.**

Arco, del arquitecto Pino Montalti,
es el resultado de una búsqueda
en la esencialidad y la multiplicidad.
Tenda Dorica.

*Arco, dell'architetto Pino Montalti, è il
risultato di una ricerca nell'essenzialità
e nella molteplicità. Tenda Dorica.*

**Arco, by the architect
Pino Montalti, is the result
of a search for essences and
multiplicity. Tenda Dorica.**

Madera sobre vidrio en la colección
Quadri, de Tulli Zuccari.

*Legno su vetro nella collezione
Quadri di Tulli Zuccari.*

**Wood over glass in the Quadri
collection, by Tulli Zuccari.**

Frágiles baños de cristal

En las corrientes decorativas más actuales, el cristal se ha convertido en uno de los ganadores más aventajados. Para el diseño de baños, estas superficies de transparencia resultan de un gran atractivo, pues sus cualidades, brillantez, claridad y asepsia son muy valoradas para este tipo de entornos. El vidrio, entonces, como nuevo protagonista, tiene la virtud de saber convertir al baño en un espacio diáfano.

Fragili bagni di cristallo

Nelle correnti decorative più attuali, il cristallo è diventato uno degli elementi di maggior richiamo. Nel momento della progettazione del bagno, queste superfici trasparenti sono molto apprezzate, per la loro qualità, luminosità, trasparenza e asepsi, proprio per questo tipo di ambienti. Il vetro, insomma, come il nuovo protagonista che ha la grande virtù di sapere trasformare il bagno in uno spazio diafano.

Delicate bathrooms of glass

In the most modern trends in decoration, glass has become one of the most outstanding features. For bathroom design, these transparent surfaces are extremely attractive, since their qualities, brightness, clarity and cleanliness, are much appreciated for this type of room. Glass, as a new, dominant element, has the advantage of being able to turn the bathroom into a zone full of light.

Colección Bis Bis Imports Boston.

Collezione Bis Bis Imports Boston.

Collection from Bis Bis Imports Boston.

En esta página y siguiente,
asombroso abanico de colores
y formas presentado por
la colección Bis Bis Imports Boston.

In questa pagina e in quella successiva,
un'ampia gamma di colori
e forme presentato dalla
collezione Bis Bis Imports Boston.

On this and the following page,
an amazing range of colors
and shapes presented by the
Bis Bis Imports Boston collection.

En parte superior y inferior derecha, Cubo, de Tulli Zuccari.

In alto e in basso a destra, Cubo di Tulli Zuccari.

Above and below right, Cubo, by Tulli Zuccari.

En la página siguiente, modelo Quadri de Tulli Zuccari.

Nella pagina successiva, modello Quadri di Tulli Zuccari.

On the following page, Quadri model by Tulli Zuccari.

Bis Bis Imports Boston.

Bis Bis Imports Boston.

Bis Bis Imports Boston.

Lavabo Uno, diseñado por el Equipo Taller Uno. Estructura de soporte de acero inoxidable y lavabo de cristal texturado.

Lavandino Uno disegnato dall'Equipo Taller Uno. Struttura di supporto in acciaio inossidabile e lavandino di cristallo testurizzato.

Uno washbasin, designed by Equipo Taller Uno. Support structure of stainless steel and washbasin of textured glass.

En la columna de la derecha, modelo Dadi, de
Tulli Zuccari y Gotta de Altro.

*Nella colonna a destra, modello Dadi di Tulli
Zuccari e Gotta di Altro.*

In the column on the right, Dadi model,
by Tulli Zuccari and Gotta de Altro.

En la página siguiente, Magma presenta
su sistema Donna Taormina, proyectado
por el Arquite_to Paolo Schianchi.

*Nella pagina successiva, Magma presenta
il suo sistema Donna Taormina, progettato
dall'architetto Paolo Schianchi.*

On the following page, Magma presents
its Donna Taormina system, designed by
the architect Paolo Schianchi.

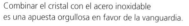

Combinar el cristal con el acero inoxidable
es una apuesta orgullosa en favor de la vanguardia.

*Combinare il cristallo con l'acciaio inossidabile
è una scelta a favore delle nuove tendenze moderne.*

Combining glass and stainless steel is a bold,
avant-garde move.

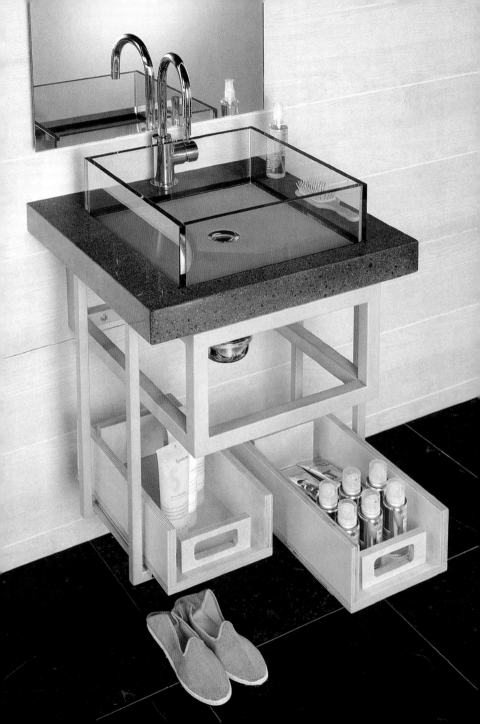

Armarios vitrina de vidrio traslúcido
de Bis Bis Imports Boston.

*Armadi vetrina con vetro traslucido
di Bis Bis Imports Boston.*

**Showcases in translucent glass
from Bis Bis Imports Boston.**

El cristal es protagonista en las
colecciones Dadi y Tesi, de Tulli Zuccari.

*Il cristallo è il protagonista nelle
collezioni Dadi e Tesi di Tulli Zuccari.*

**Glass is the leading feature
of the Dadi y Tesi collection,
by Tulli Zuccari.**

En la página siguiente, la transparencia
del vidrio resalta con los grisáceos de la
pared. Bis Bis Imports Boston.

*Nella pagina successiva,
la transparenza del vetro risalta ancora
di più con i toni grigiastri della parete.
Bis Bis Imports Boston.*

**On the following page, the
transparency of the glass brings out
the gray of the wall. Bis Bis Imports
Boston.**

Baños de acero

De la mano del cristal, el acero inoxidable ha sido el otro material mimado por los diseñadores e interioristas más atrevidos. Aunque era más habitual utilizarlo únicamente para la grifería y el seno del lavabo, actualmente su uso se ha extendido para todo tipo de accesorios. Como material de alta resistencia y maleabilidad, el acero permite el diseño de las formas más armónicas o atrevidas a favor de la producción de piezas especiales. Además, por sus destellos metálicos y su brillo, el acero puede combinarse con todo tipo de materiales y con una amplia gama de colores.

Bagni in acciaio

Insieme al cristallo, l'acciaio inossidabile è stato l'altro materiale maggiormente apprezzato dai disegnatori di interni più osati. Sebbene fosse più comune utilizzarlo solo per i rubinetti e in seno al lavandino, attualmente viene usato per ogni genere di accessori per il bagno. Come materiale altamente resistente e molto malleabile, l'acciaio consente di disegnare forme più armoniche e osate favorendo quindi la produzione di pezzi speciali. Inoltre, la luminosità di questo materiale consente di combinarlo con ogni tipo di materiale e con un'ampia gamma di colori.

Bathrooms of steel

Along with glass, stainless steel has been the other favorite material of the most daring designers and interior decorators. Although it was once more usual to use it only for bathroom fittings, today its use has been extended to all sorts of accessories. As a material with a high degree of strength and malleability, steel makes possible design with the most harmonious or daring shapes in the production of special pieces. In addition, thanks to its bright, metallic sparkle, steel can be combined with all sorts of materials and with a wide range of colors.

Modelo Hi-Fi, de Furio Minuti, para Tenda Dorica.

Modello Hi-Fi, di Furio Minuti per Tenda Dorica.

Hi-Fi model, by Furio Minuti, for Tenda Dorica.

Mostrar el esqueleto del lavamanos al desnudo puede convertirse en una apuesta osada.

Mostrare lo scheletro del lavandino potrebbe diventare una proposta osata.

Showing the bare skeleton of the washbasin can be a bold gesture.

Parte superior izquierda y parte inferior, distintos modelos de la Colección Big, diseñada por Cosmic Studio. Aixeta d'Or.

Parte superiore sinistra e parte inferiore, diversi modelli della Collezione Big, disegnata da Cosmic Studio. Aixeta d'Or.

Above left and below, different models from the Big Collection, designed by Cosmic Studio. Aixeta d'Or.

En la página siguiente, Ondula, de Tulli Zuccari.

Nella pagina successiva, Ondula di Tulli Zuccari.

On the following page, Ondula, by Tulli Zuccari.

Juego entre el cristal y el acero inoxidable en las colecciones Mini Aqua, en esta página, e Image, en página siguiente. De Altro.

Combinazione tra il cristallo e l'acciaio inossidabile nelle collezioni Mini Aqua, in questa pagina e Image, nella pagina successiva. Di Altro.

Interplay of glass and stainless steel in the Mini Aqua collection, on this page, and the Image collection, on the following page. By Altro.

Alante, de Furio Minuti,
para Tenda Dorica.

*Alante, di Furio Minuti
per Tenda Dorica.*

**Alante, by Furio Minuti,
for Tenda Dorica.**

El acero inoxidable puede generar
ambientes sobrios si se combina
con elementos puros. Sin embargo
produce efectos más sorprendentes
si lo combinamos con los elementos
más dispares.

L'acciaio inossidabile può creare
ambienti sobri se combinato
con elementi puri. Tuttavia,
produce effetti ancora più sorprendenti
se combinato con gli elementi
più inverosimili.

Stainless steel can create somber
atmospheres when combined
with pure elements. However,
it produces more striking effects
when combined with more diverse
elements.

A la izquierda, modelo Taifun, de Herbert Ludwikowski. En la parte superior, Alante, de Furio Minuti, para Tenda Dorica. Inferior, Tube y urinario Urim, de Altro. En la página siguiente, el uso del verde y del acero da como resultado una solución asombrosa.

A sinistra, modello Taifun de Herbert Ludwikowski. Nella parte superiore, Alante di Furio Minuti per Tenda Dorica. Inferior, Tube e urinario Urim di Altro. Nella pagina successiva, l'uso del verde e dell'acciaio da come risultato una splendida soluzione.

On the left, Taifun model, by Herbert Ludwikowski. Above, Alante, by Furio Minuti, for Tenda Dorica. Below, Urim tube and urinal, by Altro. On the following page, the combination of green with steel makes for a striking effect.

Con la finalidad de dar un toque de templadez al acero inoxidable, éste puede combinarse con la madera.

Al fine di dare un tocco di calore all'acciaio inossidabile, questo può essere combinato con il legno.

For the purpose of giving stainless steel a touch of mildness, it can be combined with wood.

La contraposición de los elementos más funcionales, como son este inodoro tubular, este lavamanos o esta ducha monomando de acero inoxidable, con una arquitectura de montaña, dan un resultado sorprendente.

La contrapposizione degli elementi più funzionali, come ad esempio questo water tubolare, questo lavandino o questa doccia monocomando d'acciaio inossidabile, con un gusto architettonico tipico di montagna, danno risultati sorprendenti.

The juxtaposition of more functional elements, such as this tubular toilet, this washbasin or this single lever shower of stainless steel with mountain architecture, creates striking results.

Baños y color

Un buen modo de abandonar la vieja estética de aquellos cuchitriles lúgubres y escuálidos, es teñir nuestro baño de color. Saber escoger la tonalidad más apropiada puede permitirnos que ese viejo cuarto se convierta en un espacio de vida e imaginación. Por este motivo, tanto entre las tendencias más conservadoras como entre los diseños más visionarios, el color permite que cada baño aprenda a expresar todo su carácter.

Bagni e colore

Una buona maniera di abbandonare la vecchia estetica di quelli stanzette minuscole ed oscure di una volta, è dipingere il bagno con colori brillanti e vivaci. Saper scegliere la tonalità più consona, ci consente di trasformare questa vecchia camera in uno spazio allegro e immaginativo. Per questa ragione, sia tra le tendenze più conservatrici che tra i disegni più visionari, il colore consente ad ogni bagno di esprimere tutto il suo carattere.

Bathrooms and color

A good way to turn away from the old esthetic of gloomy, squalid little rooms is to fill our bathroom with color. Knowing how to choose the most appropriate tones can make it possible for us to turn this old bathroom into a place full of life and imagination. For this reason, color, for both the most conservative tendencies and the most visionary designs is what makes it possible for each bathroom to express its own particular character.

El uso del azul intenso del mosaico como revestimiento produce un fabuloso juego de luces y sombras sobre el acero del lavamanos.

L'utilizzo del blu intenso del mosaico come rivestimento, produce un favoloso gioco di luci ed ombre sull'acciaio del lavandino.

The use of the intense blue of mosaic wall tiles produces a fabulous interplay of lights and shadows over the steel of the washbasin.

La estridencia del color es un viejo clásico para decorar el baño de los niños.

I contrasti forti del colore sono un vecchio classico per la decorazione del bagno dei più piccini.

Bright colors are typically a part of the decoration of a bathroom for children.

Sistema Donna Taormina, para Magma,
proyectado por el Arquitecto Paolo
Schianchi. Yuxtaposición entre piedra
volcánica, cristal, color y madera.

*Sistema Donna Taormina per Magma,
progettato dall'architetto Paolo
Schianchi. Giustapposizione di pietra
vulcanica, cristallo, colore e legno.*

**Donna Taormina system, for
Magma, designed by the architect
Paolo Schianchi. Juxtaposition
of volcanic stone, glass, color
and wood.**

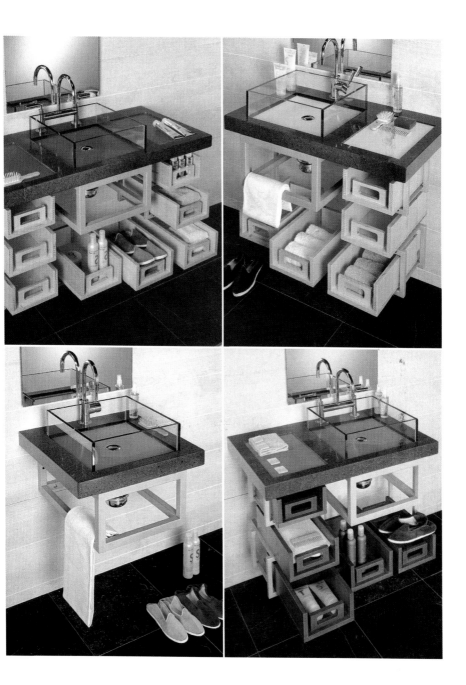

El azul es el color de los cielos, el color del mar.
Las tonalidades celestes, de la memoria, del amor, de la
nostalgia. Presentamos estos modelos para almas soñadoras.

Il blu è il colore del cielo e del mare. I toni celesti,
della memoria, dell'amore e della nostalgia.
Presentiamo questi modelli per caratteri sognatori.

Blue is the color of the sky, the color of the sea. Sky-
blue tones, of memory, of love, of nostalgia. We present
these models for spirits that know how to dream.

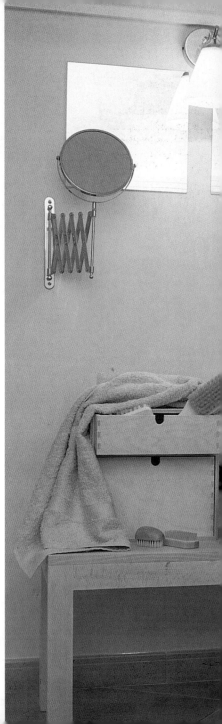

El baño acostumbra a ser una zona castigada por la luz, ya que suele ser una habitación interior. Por este motivo, es importante saberle otorgar las pinceladas de color que se merece.

Il bagno tende a trovarsi in una zona della casa piuttosto castigata in termini di luce naturale, di norma infatti si trova in una camera interna. È quindi estremamente importante saper dare a questa camera le pennellate di colore che si merita.

The bathroom tends to be an area suffering lack of light, since it is usually an interior room. So it is important to know how to give it the touches of color it deserves.

Los anaranjados y los rojizos son colores cuya misión
será la de aportar calidez a los cuartos de baño.

*Gli arancioni e i rossicci sono colori che hanno il compito
di rendere accoglienti le camere da bagno.*

**Oranges and reds are colors that have the task
of giving bathrooms a touch of warmth.**

Acccesorios para el baño

En el momento de decidir el estilo que preferimos para nuestro baño, es preciso elegir los elementos idóneos que nos permitan hallar una buena combinación. Pues en decoración, como ocurre con la experimentación culinaria, si los ingredientes son buenos, una receta con gracia puede darnos excelentes resultados. En este apartado les ofrecemos un catálogo de soluciones con ingenio entre las mejores propuestas de bañeras, lavabos, grifería, inodoros o bidets.

Accessori per il bagno

Nel momento di decidere il tipo di stile che si preferisce per il nostro bagno, è importante scegliere gli elementi idonei che ci consentano di trovare una buona combinazione. In decorazione infatti, come avviene in cucina, se gli ingredienti sono buoni, una ricetta può dare risultati soprendenti. In questo paragrafo proponiamo un catalogo di soluzioni ingegnose tra le migliori proposte in ciò che concerne vasche da bagno, lavandini, rubinetti, water e bidet.

Bathroom accessories

When it comes time to decide the style that we want for our bathroom, it is necessary to choose ideal elements that allow us to find a good combination. Thus in decoration, as in experiments in cooking, if the ingredients are good, a recipe with style can give us excellent results. In this section we offer you a catalogue of ingenious ideas that are among the best of alternatives for bathtubs, washbasins, fixtures, toilets or bidets.

Si nuestro baño da la cara al parque, probablemente nos conviene sustituir el espejo frente al lavabo por una ventana.

Se il bagno si affaccia a un parco, probabilmente ci conviene sostituire lo specchio di fronte al lavandino con una finestra.

If our bathroom looks out onto a park, it is probably best to replace the mirror in front of the washbasin with a window.

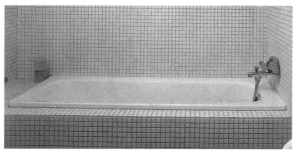
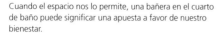

Cuando el espacio nos lo permite, una bañera en el cuarto de baño puede significar una apuesta a favor de nuestro bienestar.

Quando lo spazio lo consente, una vasca nel bagno può essere una bella scelta a favore del nostro benessere.

When space permits, a bathtub in the bathroom can be a major step towards creating a sense of wellbeing.

Serie de Philippe Starck para Duravit.

Serie di Philippe Starck per Duravit.

Philippe Starck series for Duravit.

Bidet modelo 1930 para Duravit.

Bidet modello 1930 per Duravit.

Bidet model 1930 for Duravit.

Bidet de la colección Dellarco para Duravit.

Bidet della collezione Dellarco per Duravit.

Bidet from the Dellarco collection, for Duravit.

Izquierda y parte inferior, bidets Caro de Duravit.

A sinistra e nella parte inferiore, bidet Caro di Duravit.

Left and below, Caro bidets from Duravit.

Modelo Darling para Duravit.

Modello Darling per Duravit.

Darling model for Duravit.

A la izquierda, 1930. A la derecha,
Darling. Ambos de Duravit.

*A sinistra, 1930. A destra,
Darling. Entrambi di Duravit.*

**On the left, 1930. On the right,
Darling. Both from Duravit.**

Bidet de la colección Mylife de Laufen.

Bidet della collezione Mylife di Laufen.

**Bidet from the Mylife collection,
by Laufen.**

Serie Dellarco de Duravit.

Serie Dellarco di Duravit.

Dellarco series from Duravit.

A derecha y a izquierda,
bidets diseñados por Philippe Starck
para Duravit.

*A destra e a sinistra,
bidet progettati da Philippe Starck
per Duravit.*

**Right and left,
bidets designed by Philippe Starck
for Duravit.**

En la página anterior, series Meta, Tara y Tara Classic, para Dornbracht; y modelos Ectos, Ectos Termostato, Eurostyle y Groheterm XL, para Grohe.

Nella pagina precedente, serie Meta, Tara y Tara Classic per Dornbracht; e modelli Ectos, Ectos Termostato, Eurostyle e Groheterm XL per Grohe.

On the previous page, Meta, Tara and Tara Classic series, for Dornbracht; and Ectos, Ectos Termostato, Eurostyle and Groheterm XL models, for Grohe.

Un cuadro o una ilustración pueden significar soluciones imaginativas para nuestros cuartos de baño.

Un quadro o una illustrazione possono essere soluzioni immaginative per i nostri bagni.

A painting or illustration can be an imaginative alternative in the bathroom.

Lavabos de porcelana
de las Series Architec
y Caro, de Duravit.

*Lavandini di porcellana
delle Serie Architec
e Caro di Duravit.*

**Porcelain washbasins
from the Architec
and Caro series,
from Duravit.**

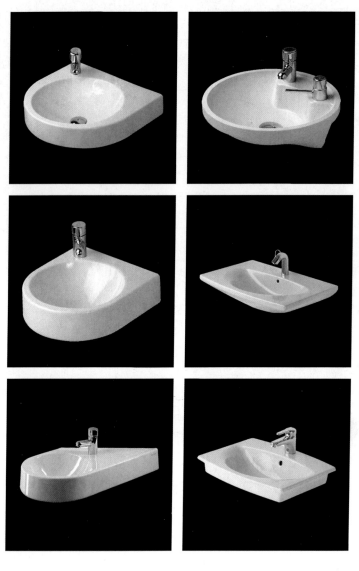

Inodoros de la Colección Mylife de Laufen.

Water della Collezione Mylife di Laufen.

Toilets from Laufen's Mylife collection.

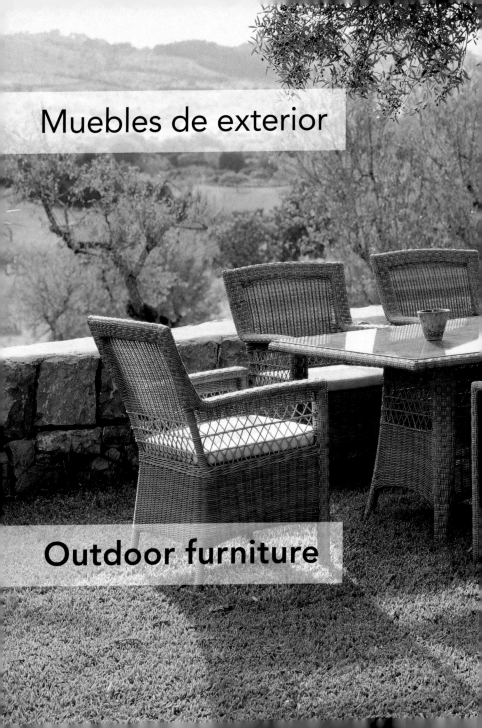

Muebles de exterior

Outdoor furniture

Mobili per esterni

a vivienda es el espacio donde nos recogemos del mundo. Sin embargo, constituye un privilegio poder contar con una casa abierta al exterior. Un jardín, una terraza o un porche permiten, tanto en el campo como en la ciudad, el contacto con la naturaleza dentro del espacio íntimo. De este modo, es importante que estudiemos la situación y las características de nuestra terraza o nuestro jardín para poder escoger los muebles y los complementos adecuados.

Los muebles de madera son los que ofrecen más calidez. Desde las sillas plegables a los bancos o a las butacas, podremos combinar los muebles de madera con otros materiales como la tela para conseguir estilizar su estructura. Los muebles de hierro nos aportan calidad y resistencia. Además, la maleabilidad del hierro nos permite poder optar por diseños variados y originales. Las fibras naturales como el bambú o el mimbre resultan, a menudo, demasiado fríos si no los combinamos con telas y cojines de colores. Son materiales ligeros y relativamente económicos, ideales como muebles de invernadero y jardín que se trasladan con frecuencia. La desventaja de este tipo de muebles es que son muy delicados y requieren atención constante. Los muebles de resinas plásticas como el poliéster o la fibra de vidrio son los más económicos e inalterables. Además, permiten realizar diseños anatómicos reforzados y acabados inmejorables.

a casa è il luogo in cui ritagliamo il nostro spazio appartato dal resto del mondo. È tuttavia un privilegio poter avere la possibilità di una apertura all'esterno. Un giardino, una terrazza o una veranda consentono, sia in campagna che in città, il contatto con la natura dall'interno del nostro spazio intimo. È importante studiare la posizione e le caratteristiche della terrazza o del nostro giardino per poter scegliere i mobili e i complementi più adeguati. I mobili di legno sono quelli che rendono l'ambiente più caldo, accogliente. Dalle sedie pieghevoli alle panchine o poltrone, possiamo combinare i mobili di legno con altri materiali come, ad esempio, la tela per stilizzarne la struttura. I mobili in ferro conferiscono calore e resistenza. Inoltre, la malleabilità del ferro consente di optare per modelli svariati e originali. Le fibre naturali come il bambù o il vimini spesso sono eccessivamente fredde se non vengono combinate con tele e cuscini colorati. Sono materiali leggeri e relativamente economici, ideali per mobili da giardino e verande che vengono spostati spesso. Lo svantaggio di questo tipo di mobili è che sono molto delicati e vanno conservati con estrema cura. I mobili di resine plastiche come il poliestere o la fibra di vetro sono i più economici e inalterabili. Inoltre, consentono modelli anatomici rinforzati e rifiniture insuperabili.

he home is the place where we withdraw from the world. Nevertheless, it is a real privilege to have a house that can also opens up to the outdoors. A yard, terrace or porch offers, whether in the country or in the city, a contact with nature within a personal space. Thus it is important for us to take a good look at the location and characteristics of our terrace or garden in order to be able to select the furniture and decorative elements that are best suited to it.

Wood furniture offers the most warmth. From folding to chairs to benches or armchairs, we can combine wood furniture with other materials, such as cloth, to give them a touch of style. Furniture made of iron provides quality and strength. In addition, iron can be shaped, to permit us to choose from a wide range of varied and original designs. Natural fibers such as bamboo or wicker often turn out to be too cold if they are not combined with colored fabrics and pillows. These are light and relative economical materials that are ideal for greenhouse and yard furniture that is frequently moved from one place to another. The disadvantage of this type of furniture is that it is quite delicate and requires constant attention. Furniture made of plastics like polyester or fiberglass are the cheapest and most durable choice. They also allow for comfortable anatomic designs and superb finishing touches.

Jardín, espacio de descanso

Entre los árboles, las flores, las plantas, y los olores del jardín, descubrimos las áreas de descanso que tanto merecemos. El jardín es el espacio donde entramos en contacto con la naturaleza. Es el espacio para el retiro, para la quietud. Debemos escoger los muebles que mejor se adapten a esta atmósfera de relajación. Serán, siempre, muebles donde dominen las líneas suaves, horizontales. Donde el confort y la comodidad nos inviten al abandono.

Giardino, luogo per il riposo

Tra gli alberi, i fiori, le piante e i profumi del giardino scopriamo le zone di riposo che tanto ci meritiamo. Il giardino è il luogo dove entriamo a contatto con la natura. È il luogo per il ritiro, per la tranquillità. Dobbiamo scegliere i mobili che si adattano meglio a questa atmosfera di relax. Saranno sempre mobili in cui dominano le linee dolci, le linee orizzontali. Dove insomma il comfort e la comodità ci invitano all'abbandono.

The garden, space for relaxation

In the midst of the trees, flowers, plants and smells of the garden, we find just the spot for the relaxation we so richly deserve. The garden is the place where we come into contact with nature. It is an area for rest, peace and quiet. We must choose the furniture that best adapts to this atmosphere of relaxation. This will always be furniture in which gentle horizontal lines are dominant. In which comfort and convenience are an invitation to let yourself go.

Conjunto Fontenay de madera natural y estructura negro mate para Garpa.

Set Fontenay di legno naturale e struttura color nero opaco per Garpa.

Fontenay set in natural wood with a matt black structure, for Garpa.

Conjunto de mesa Selandia y sillas
Arosia para Trip Trap.

*Set di tavolo Selandia e sedie
Arosia per Trip Trap.*

**Arrangement of Selandia
table and Arosia chairs
for Trip Trap.**

Silla Monterey para Garpa.

Sedia Monterey per Garpa.

Monterey chair for Garpa.

De izquierda a derecha, sillas Fontenay
y Avignon para Garpa.

*Da sinistra a destra, sedie Fontenay
e Avignon per Garpa.*

**From left to right, Fontenay
and Avignon chairs for Garpa.**

En la página siguiente,
modelos Selandia y Arosia,
de líneas clásicas y confortables.

*Nella pagina successiva,
modelli Selandia e Arosia,
dalla linee classiche e confortevoli.*

**On the following page,
Selandia and Arosia models,
with classic, comfortable lines.**

En parte superior, conjunto Selandia, diseñado para Trip Trap.

Nella parte superiore, set Selandia, disegnato per Trip Trap.

Above, Selandia set, designed for Trip Trap.

En parte inferior, colección Fontenay de Garpa.

Nella parte inferiore, collezione Fontenay di Garpa.

Below, Garpa's Fontenay collection.

En página siguiente, conjunto Lazio para Garpa.

Nella pagina successiva, set Lazio per Garpa.

On the following page, Lazio set for Garpa.

De izquierda a derecha, conjuntos Facet y Vendia para Trip Trap.

Da sinistra a destra, set Facet e Vendia per Trip Trap.

From left to right, Facet and Vendia sets for Trip Trap.

Trip Trap sugiere combinar el metal con la madera para su línea Grenen.

Trip Trap suggerisce di combinare il metallo con il legno per la sua linea Grenen.

Trip Trap suggests combining metal with wood for its Grenen line.

Silla con reposabrazos de la colección Fontenay de Garpa.

Sedia con braccioli della collezione Fontenay di Garpa.

Chair with armrests from Garpa's Fontenay collection.

Conjunto Avignon
para Garpa.

Set Avignon per Garpa.

Avignon set for Garpa.

En la página siguiente,
tumbonas Arosia de Trip Trap.

*Nella pagina successiva,
le sedie a sdraio Arosia
di Trip Trap.*

**On the following page,
Arosia reclining chairs
from Trip Trap.**

Mesa Vitus Bering, de líneas elegantes, para Trip Trap.

Tavolo Vitus Bering, dalle linee eleganti, per Trip Trap.

Vitus Bering table, with elegant lines, for Trip Trap.

La colección Skagen de Trip Trap
es resistente a los efectos del tiempo.

*La collezione Skagen di Trip Trap
è resistente agli effetti del tempo.*

**Trip Trap's Skagen collection
stands up to the effects of the weather.**

La madera del conjunto England de Trip Trap ofrece una imagen de cálida elegancia.

Il legno del set England di Trip Trap offre una immagine di calda eleganza.

The wood of Trip Trap's England set offers an image of warmth and elegance.

La silla Fontenay de Garpa combina con exquisitez la madera con el metal.

La sedia Fontaney di Garpa combina con squisita eleganza il legno con il metallo.

Garpa's Fontenay chair exquisitely combines wood and metal.

En página siguiente, la línea clásica de la colección Selandia, para Garpa.

Nella pagina successiva, la linea classica della collezione Selandia, per Garpa.

On the following page, the classic lines of the Selandia collection, for Garpa.

De arriba a abajo, conjuntos Grenen
y Selandia para Trip Trap.

*Dall'alto verso il basso, set Grenen
e Selandia per Trip Trap.*

**From top to bottom, Grenen
and Selandia sets for Trip Trap.**

Simplicidad y carácter elegante en el
conjunto Monterey, para Garpa.

*Semplicità e carattere elegante
nel set Monterey, per Garpa.*

**Elegant simplicity and character
in this Monterey set, for Garpa.**

Las sillas reclinables

Las sillas reclinables son las protagonistas de la comodidad en el jardín. Tumbonas, hamacas y divanes se diseñan con el único fin de satisfacer nuestros patrones de confort y estética. De líneas elegantes, con el anhelo de conseguir la horizontalidad más perfecta, las sillas reclinables tienen la única misión de invitarnos a saborear las delicias del campo, de la terraza o de la playa.

Le sedie reclinabili

Le sedie reclinabili sono le protagoniste della comodità in giardino. Le sedie a sdraio, le amache e i divani vengono progettati al solo fine di ottenere la posizione orizzontale perfetta, le sedie reclinabili hanno l'unico scopo di invitarci a vivere le delizie della campagna, della terrazza o della spiaggia.

Reclining chairs

Reclining chairs are leaders in outdoor comfort. Lounge chairs, hammocks and couches are designed just to satisfy our ideals of comfort and beauty. With elegant lines that yearn for the most perfectly horizontal position, reclining chairs have as their one and only purpose to invite us to taste the delights of the country, the terrace or the beach.

La colección Jutlandia ha capturado el aire de confort de las tumbonas reclinables de Trip Trap.

La collezione Jutlandia ha catturato l'essenza del comfort delle sedie a sdraio reclinabili di Trip Trap.

The Jutlandia collection has captured the air of comfort of Trip Trap's reclining lounge chairs.

A la izquierda, conjunto Bore Mogensen para Trip Trap.

A sinistra, set Bore Mogensen per Trip Trap.

On the left, Bore Mogensen set for Trip Trap.

Tumbonas y sillas reclinables de la colección Trip Trap.

Sedie a sdraio e sedie reclinabili della collezione Trip Trap.

Lounge chairs and recliners from the Trip Trap collection.

En la parte superior, de izquierda a derecha,
silla reclinable Liege Catania Comfort y US para Garpa.

Nella parte superiore, da sinistra a destra,
sedia reclinabile Liege Catania Comfort e US per Garpa.

Above, left to right, Liege Catania Comfort
and US reclining chairs for Garpa.

Las líneas onduladas de la colección Lido han sido ideadas
para satisfacer el carácter marítimo.

Le linee ondulate della collezione Lido sono state ideate per
soddisfare il carattere marittimo.

The wavy lines of the Lido collection have been
conceived to satisfy the souls of those who love the sea.

Mesita auxiliar Nautic Mini para Trip Trap.

Tavolino ausiliare Nautic Mini per Trip Trap.

Nautic Mini side table for Trip Trap.

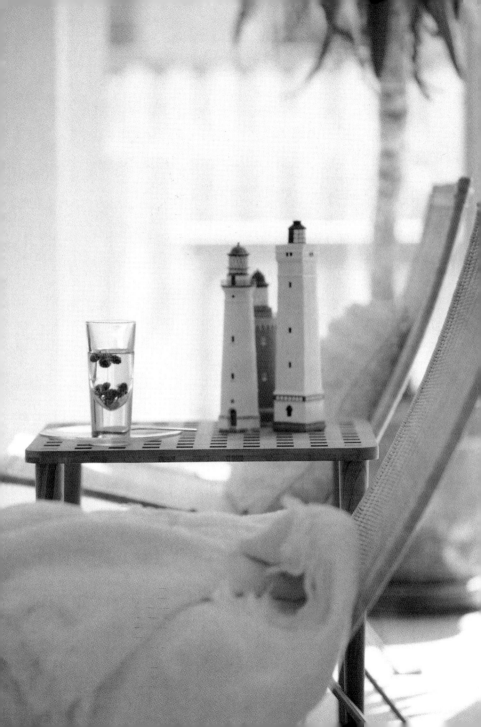

Catania Aquarium para Garpa.

Catania Aquarium per Garpa.

Catania Aquarium for Garpa.

Royal Princess para Garpa.

Royal Princess per Garpa.

Royal Princess for Garpa.

Cap Ferrat para Garpa.

Cap Ferrat per Garpa.

Cap Ferrat for Garpa.

Catania Classic para Garpa.

Catania Classic per Garpa.

Catania Classic for Garpa.

Liege Fontenay para Garpa.

Liege Fontenay per Garpa.

Liege Fontenay for Garpa.

Royal Princess para Garpa.

Royal Princess per Garpa.

Royal Princess for Garpa.

Catania Classic para Garpa.

Catania Classic per Garpa.

Catania Classic for Garpa.

Fontenay Lavendel para Garpa.

Fontenay Lavendel per Garpa.

Fontenay Lavendel for Garpa.

Tumbona US para Garpa.

Sedia a sdraio US per Garpa.

US lounge chair for Garpa.

Tumbona Fontenay reclinable con ruedas para Garpa.

Sedia a sdraio Fontenay reclinabile con rotelle per Garpa.

Fontenay reclining lounge with wheels, for Garpa.

Cap Ferrat
para Garpa.

*Cap Ferrat per
Garpa.*

**Cap Ferrat
for Garpa.**

Fontenay para
Garpa.

*Fontenay per
Garpa.*

**Fontenay
for Garpa.**

Liege US para Garpa.

Liege US per Garpa.

Liege US for Garpa.

Bancos de jardín

Los bancos y las butacas de jardín tratan de ofrecernos el máximo bienestar. Asientos y respaldos de materiales distintos se convierten en aliados de nuestras tertulias, de nuestras lecturas. Bajo la sombra o en plena naturaleza, los bancos de jardín nos permiten compartir la belleza del campo en compañía de nuestras mejores amistades.

Panchine per il giardino

Le panchine e le poltrone da giardino sono state disegnate per darci il massimo benessere. Sedili e spalliere di materali diversi si convertono in alleati delle nostre conversación e letture. Sotto l'ombra o in piena natura, le panchine da giardino ci consentono di condividere la bellezza della campagna in compagnia delle nostre migliori amicizie.

Garden benches

Garden benches and chairs attempt to offer us the best in comfort and well-being. Seats and backs of different materials make them ideal companions for friendly chats or hours of reading. In the shade or in the midst of nature, garden benches help us share the beauties of a landscape in the company of our best friends.

Conjunto Skagen de curvas suaves y apreciación profunda de la naturaleza de la madera, para Trip Trap.

Set Skagen dalle morbide curve e dalla stima profonda per la natura del legno, per Trip Trap.

Skagen set with gentle curves and a profound appreciation of the character of wood, for Trip Trap.

Banco Hestercombe de Garpa, para los pequeños de la familia.

Panchina Hestercombe di Garpa, per i più piccini della famiglia.

Garpa's Hestercombe bench, for the little ones in the family.

Banco Kent para Garpa.

Panchina Kent per Garpa.

Kent bench for Garpa.

Banco Summerfield, de Garpa.

Panchina Summerfield, Garpa.

Summerfield bench, by Garpa.

Banco Hestercombe para Garpa.

Panchina Hestercombe per Garpa.

Hestercombe bench for Garpa.

En la página siguiente, el banco Fontenay de Garpa se confunde con la naturaleza.

Nella pagina successiva, la panchina Fontenay di Garpa si confonde con la natura.

On the following page, Garpa's Fontenay bench blends into the natural surroundings.

Banco Facet para Trip Trap.

Panchina Facet per Trip Trap.

Facet bench for Trip Trap.

Banco Vitus Bering para Trip Trap.

Panchina Vitus Bering per Trip Trap.

Vitus Bering bench for Trip Trap.

Banco de dos plazas modelo Facet.

Panchina a due posti modello Facet.

Facet model bench for two.

Divano Roman diseñado para Trip Trap.

Divano Roman disegnato per Trip Trap.

Roman couch designed for Trip Trap.

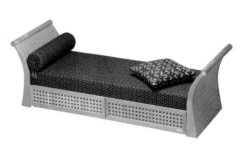

En la página siguiente, el banco Hestercombe se combina con cojines de colores estridentes.

Nella pagina successiva, la panchina Hestercombe si combina con cuscini con tele vistose.

On the following page, the Hestercombe bench with bright-colored cushions.

Banco Colosseum, de forma curvada, para Trip Trap.

Panchina Colosseum a forma di mezzaluna per Trip Trap.

Colosseum bench, with a curved shape, for Trip Trap.

Banco Colosseum para Trip Trap.

Panchina Colosseum per Trip Trap.

Colosseum bench for Trip Trap.

Banco English diseñado para Trip Trap.

Panchina English disegnata per Trip Trap.

English bench designed for Trip Trap.

En la parte superior, conjunto Skagen para Trip Trap.

Nella parte superiore, set Skagen per Trip Trap.

Above, Skagen set for Trip Trap.

Banco Monterey de metal lacado y madera de Garpa.

Panchina Monterey di metallo laccato e legno di Garpa.

Banco Monterey bench of lacquered metal and wood, from Garpa.

Banco Vitus Bering para Trip Trap.

Panchina Vitus Bering per Trip Trap.

Vitus Bering bench for Trip Trap.

Modelo Daybed para Trip Trap.

Modello Daybed per Trip Trap.

Daybed model for Trip Trap.

Banco Grenen para Trip Trap.

Panchina Grenen per Trip Trap.

Grenen bench for Trip Trap.

Banco Skagen para Trip Trap.

Panchina Skagen per Trip Trap.

Skagen bench for Trip Trap.

Banco Drachmann para Trip Trap.

Panchina Drachmann per Trip Trap.

Drachmann bench for Trip Trap.

El banco Drachmann se combina con todos los colores de la naturaleza.

La panchina Drachmann si combina con tutti i colori della natura.

The Drachmann bench combines with all the colors in nature.

Jardines de azul

Los habitantes de climas cálidos pasan una gran parte de su tiempo al aire libre. En este ambiente de agradables temperaturas, la existencia del elemento fluído, del color azul en el jardín, se convierte en un privilegio que implica calidad de vida y belleza estética. En estos casos, los muebles más apropiados son aquellos que saben entender las frecuencias lentas, las suaves sintonías propias de los entornos acuáticos.

Giardini di blu

Gli abitanti delle zone dal clima caldo trascorrono gran parte del tempo libero all'aperto. In questo tipo di ambiente dalle temperature gradevoli, l'esistenza dell'elemento fluido, del blu nel giardino, diventa un privilegio che comporta qualità di vita e bellezza estetica. In questi casi, i mobili più adatti sono quelli che sanno catturare le frequenze lente, le dolci sintonie tipiche degli ambienti in cui predomina l'acqua.

Gardens of blue

Those who live in warm climates spend a great deal of their time in the open air. In such an environment of pleasant temperatures the presence of water, of the color blue, in the garden is a privilege that signifies quality of life and esthetic beauty. In these cases the most appropriate furniture is the kind that can reflect the slow rhythms, the gentle harmonies typical of an aquatic milieu.

Las tumbonas reclinables Bali de Trip Trap ofrecen confort para los días de piscina.

Le sedie a sdraio reclinabili Bali di Trip Trap offrono comodità per le giornate in piscina.

Trip Trap's Bali recliners offer comfort for days beside the pool.

En esta página, las tumbonas Liege Cap Ferrat de Garpa.

In questa pagina le sedie a sdraio Liege Cap Ferrat di Garpa.

On this page, the Liege Cap Ferrat recliners from Garpa.

En la página siguiente, United States para Garpa

Nella pagina successiva, United States per Garpa

On the following page, United States for Garpa

Silla Bolero.
Sedia Bolero.
Bolero chair.

El conjunto Bolero de Garpa combina
la madera con el metal.

*Il set Bolero di Garpa combina il legno
con il metallo.*

**Garpa's Bolero set combines
wood with metal.**

Tumbona United States diseñada por Garpa.

La sedia a sdraio United States disegnata per Garpa.

United States recliner designed by Garpa.

En la página siguiente, línea Riviera para Trip Trap.

Nella pagina successiva, linea Riviera per Trip Trap.

On the following page, Riviera line for Trip Trap.

Muebles de terraza

El porche, la terraza y la galería se organizan para conseguir un espacio desenfadado y tranquilo, ideal para tertulias o reuniones informales. Situada en terrenos ligeramente elevados y cubiertos, la terraza es el espacio que protege la entrada de la vivienda y que ofrece, bajo su cobijo, temperaturas frescas ideales para ritmos relajados.

Mobili per terrazza

La veranda, la terrazza e il ballatoio vengono organizzati per ottenere uno spazio allegro e tranquillo, ideale per conversare o per le riunioni famigliari. Situata su piani leggermente elevati e coperti, la terrazza è lo spazio che protegge l'entrata della casa e che offre, sotto il proprio tetto, temperature fresche ideali per ritmi rilassati.

Terrace furniture

The porch, the terrace and the gallery are organized to create carefree, peaceful areas that are ideal for informal chats or get-togethers. Placed on terrain that is slightly raised and covered, the terrace is the zone that protects the entrance of the home, offering mild temperatures that are ideal for relaxed rhythms.

Conjunto Lodge diseñado para Garpa.

Set Lodge disegnato per Garpa.

Lodge set, designed for Garpa.

A la izquierda, silla reclinable y reposapiés Classic Recliner de Garpa.

A sinistra, sedia reclinabile e appoggia-piedi Classic Recliner di Garpa.

On the left, Classic Recliner chair and footstool from Garpa.

En la parte inferior izquierda, arcón de madera de Garpa.

Nella parte inferiore sinistra, cassettone di legno di Garpa.

Below left, large chest of wood, from Garpa.

En la parte inferior derecha, Loom Grand Chair English de Garpa.

Nella parte inferiore destra, Loom Grand Chair English di Garpa.

Below right, Loom Grand Chair English from Garpa.

En la página siguiente, conjunto Monterey de Garpa.

Nella pagina successiva, set Monterey di Garpa.

On the following page, Monterey set, from Garpa.

Silla reclinable Monterey con mesita auxiliar
y reposapiés para Garpa.

*Sedia reclinabile Monterey con tavolino ausiliare
e appoggia-piedi per Garpa.*

**Monterey reclining chair with side table
and footstool, for Garpa.**

Conjunto Summerfield de Garpa.

Set Summerfield di Garpa.

Summerfield set from Garpa.

Banco Provence de la colección Garpa.

Panchina Provence della collezione Garpa.

Provence bench from the Garpa collection.

Banco de la colección
Vitus Bering de Trip Trap.

*Panchina della collezione
Vitus Bering di Trip Trap.*

**Bench from the Trip Trap's
Vitus Bering collection.**

Conjunto Bolero de Garpa.

Set Bolero di Garpa.

Bolero set from Garpa.

En la página siguiente, mesa Nautic y
sillas Vendia de Trip Trap.

*Nella pagina successiva, tavolo Nautic e
sedie Vendia di Trip Trap.*

**On the following page,
Nautic table and Vendia chairs
from Trip Trap.**

Modelo Kana-P de Zeitraum.
Modello Kana-P di Zeitraum.
Kana-P model from Zeitraum.

Conjunto Fontenay para Garpa.
Set Fontenay per Garpa.
Fontenay set for Garpa.

Modelo Low diseñado para Horm.
Modello Low disegnato per Horm.
Low model designed for Horm.

Conjunto Lodge de Garpa.
Set Lodge di Garpa.
Lodge set from Garpa.

Accesorios de jardín

Saber escoger los muebles más apropiados para nuestro jardín, nuestra terraza o nuestro porche no es suficiente para que éstos se conviertan en espacios delicados. A menudo, son los elementos decorativos y los pequeños detalles los que nos permiten poder reconocer con claridad los ambientes especiales. Estos complementos encantadores, además de una funcionalidad concreta, lucen la clara intención de convertir nuestros espacios en lugares exquisitos.

Accessori per il giardino

Saper scegliere i mobili più adatti al nostro giardino, la nostra terrazza o la nostra veranda non è sufficiente affinché questi diventino spazi sofisticati. Spesso, sono gli elementi decorativi e i piccoli dettagli che ci consentono di poter riconoscere con chiarezza gli ambienti speciali. Questi splendidi complementi, oltre ad una funzionalità concreta, hanno la chiara intenzione di convertire i nostri spazi in luoghi squisiti.

Garden accessories

Knowing how to choose the right furniture for our garden, terrace or porch is not enough to turn them into delicately beautiful spots. It is often the decorative touches and little details that allow us to create these special environments. These charming accessories, besides having a specific function, are clearly intended to turn our outdoor spaces into truly exquisite spots.

Maceta diseñada para la colección Garpa.

Vaso disegnato per la collezione Garpa.

Flowerpot designed for the Garpa collection.

Comedero para pájaros para Trip Trap.
Beccatoio per uccelli per Trip Trap.
Bird feeder for Trip Trap.

Maceta de rincón de Garpa.
Vaso ad angolo di Garpa.
Corner flowerpot from Garpa.

Caja nido de la colección Trip Trap.
Casa per uccelli della collezione Trip Trap.
**Birdhouse from the Trip Trap
collection.**

Parasol Cape Town, Trip Trap.
Ombrellone Cape Town, Trip Trap.
Cape Town sunshade, Trip Trap.

Arwin Classic de Trip Trap.
Arwin Classic, di Trip Trap.
Arwin Classic from Trip Trap.

Parasoles de la colección Trip Trap.
Ombrelloni della collezione Trip Trap.
Sunshades from the Trip Trap collection.

Arwin Modern, de Trip Trap.
Arwin Modern, di Trip Trap.
Arwin Modern, from Trip Trap.

En la página siguiente, conjunto Umbria bajo parasol.
Nella pagina seguente, set Umbria sotto all'ombrellone.
On the following page, Umbria set under sunshade.

Iluminación

Lighting

Illuminazione

Es cuando inventamos una casa, cuando escogemos el mobiliario que nos acompañará durante nuestra cotidianidad, cuando debemos valorar que tipo de iluminación puede requerir el ambiente que buscamos. Para ello, es necesario que examinemos la orientación y el plano de la vivienda con la finalidad de determinar las entradas de luz natural durante el día. Debemos aprender a jugar con la luz natural, controlando sus efectos, ya que ésta iluminará nuestro hogar durante la mayor parte del día. En la primera luz del alba, durante la mañana o cuando se pone el sol, la luz natural modifica los tonos de nuestra casa a lo largo de toda la jornada. Los naranjas en otoño, los azuláceos en invierno, en primavera los colores suaves o el amarillo brillante durante el verano. Las luces, las sombras o la oscuridad se convierten, de este modo, en elementos decorativos indispensables, de los que debemos saber sacar el máximo partido.

Además, cuando la luz natural palidece, la iluminación artificial debe permitirnos proseguir con nuestras actividades cotidianas. Conviene saber que la luz es creadora de atmósferas y que si las imágenes luminosas se ponen en relación al sentimiento de euforia, a la energía y a la actividad; la luz tenue, en cambio, debe vincularse a las imágenes de relajación.

Enel momento in cui inventiamo una casa, quando scegliamo i mobili che ci accompagneranno nella nostra quotidianità, quando dobbiamo decidere che tipo di illuminazione è quella più adatta al tipo di ambiente che abbiamo in mente. A questo scopo, è necessario esaminare l'orientazione e il piano della casa per poter determinare le intrate di luce naturale durante la giornata. Dobbiamo imparare a giocare con la luce naturale controlladone gli effetti, visto che questo tipo di luce illuminerà la casa per gran parte della giornata. Con la prima luce dell'alba, in mattinata o al tramonto, la luce naturale modifica i colori della nostra casa per l'intera giornata. Gli arancioni durante la stagione autunnale, gli azzurri durante l'inverno, in primavera i colori dolci e il giallo brillante durante l'estate. Le luci, le ombre o l'oscurità diventano, in questo modo, elementi decorativi indispensabili, che dobbiamo approfittare al massimo.

Inoltre, quando la luce naturale si attenua, l'illuminazione artificiale ci deve consentire di proseguire con le nostre attività quotidiane. È importante ricordare che la luce crea atmosfere; infatti, le immagini luminose vengono messe in relazione all'euforia, all'energia, all'attività, mentre invece la luce tenue va vincolata alle immagini che richiamano una sensazione di tranquillità.

When we are creating a home, choosing the furniture that will be a part of our daily lives, we should also consider the kind of lighting we need to create the atmosphere we are looking for. To do that it is necessary for us to examine the orientation and layout of the home in order to determine where natural light shines in during the day. We should learn to play with natural light, controlling its effects, since it is what will be lighting our home during the greater part of the day. At the first light of dawn, through the morning and on until the sun goes down, natural light changes the tones of color in our home throughout the whole day. Oranges in autumn, blues in winter, soft colors in spring and bright yellow during the summer. Lights, shadows or darkness become, in this way, indispensable decorative elements that we should know how to make the most of.

In addition, when natural light wanes, artificial lighting should make it possible for us to continue with our everyday activities. It is advisable to keep in mind that light creates different kinds of environments and that while luminous images are related to feelings of euphoria, energy and action, soft lighting is linked to images of relaxation.

Lámparas de mesa

Las lámparas de mesa iluminan áreas determinadas y deben permitir orientar un foco de luz hacia la dirección que deseemos. De este modo, cada lámpara de mesa tendrá la finalidad de satisfacer necesidades concretas, para las que precisamos una intensidad de luz importante dirigida hacia un punto preciso. Para la lectura, para la costura o el estudio, las lámparas de mesa deberán ofrecernos una luz generosa que nos permita largas horas de concentración y trabajo, sin que ello signifique un castigo para nuestra vista.

Lampade da tavolo

Le lampade da tavolo illuminano aree determinate e devono consentire di orientare un raggio di luce verso la direzione desiderata. In questo modo ogni lampada da tavolo avrà la finalità di soddisfare necessità concrete, per le quali abbiamo bisogno di un'intensità di luce importante diretta a un punto preciso. Per la lettura, per cucire o per studiare, le lampade da tavolo devono offrirci una luce generosa che ci consenta lunghe ore di concentrazione e di lavoro, senza che ciò implichi una sofferenza per la nostra vista.

Table lamps

Table lamps light up specific areas and should allow us to focus the light in the direction we wish. In this way each table lamp will meet specific needs, for which we will need a significant intensity of light directed at a precise point. For reading, sewing or studying, table lamps should provide us with a generous light that makes possible long hours of concentration and work without causing irritation of the eyes.

Club M, con la pantalla de algodón y el cuerpo de madera, es una lámpara diseñada por Joan Augé para Taller Uno.

Club M, con il paralume di cotone e il corpo in legno, è una lampada disegnata da Joan Angé per Taller Uno.

Club M, with a shade of cotton and a wood body, is a lamp designed by Joan Augé for Taller Uno.

Lámpara Numa TL, de Herbert Schultes para Classicon.

Lampada Numa TL, di Herbert Schultes per Classicon.

Numa TL lamp, by Herbert Schultes for Classicon.

Lámpara de mesa Aia TL, de Gioia Meller Marcovicz para Classicon.

Lampada da tavolo Aia TL, di Gioia Meller Marcovicz per Classicon.

Aia TL table lamp, by Gioia Meller Marcovicz for Classicon.

Lámpara de escritorio Ate TL de Heiko Bartels y Harald Hullmann para Classicon.

Lampada da scrittoio Ate TL di Heiko Bartels e Harald Hullmann per Classicon.

Ate TL desk lamp by Heiko Bartels and Harald Hullmann for Classicon.

En la página siguiente, Kay M de Joan Augé para Taller Uno. Lámpara con base de madera, tallo de metal cromado y pantalla de algodón blanco.

Nella pagina successiva, Kay M di Joan Augé per Taller Uno. Lampada con base in legno, stelo di metallo cromato e paralume di cotone bianco.

On the following page, Kay M by Joan Augé for Taller Uno. Lamp with a wooden base, stem of chromium-plated metal and shade of white cotton.

Lámpara de mesa Ilos TL de Luke Pearson para Classicon.

Lampada da tavolo Ilos TL di Luke Pearson per Classicon.

Ilos TL table lamp by Luke Pearson for Classicon.

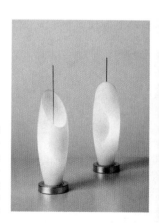

Lámpara de mesa Ixion TL de Heiko Bartels y Harald Hullmann para Classicon.

Lampada da tavolo Ixion TL di Heiko Bartels e Harald Hullmann per Classicon..

Ixion TL table lamp by Heiko Bartels and Harald Hullmann for Classicon.

Lámpara Lena, diseñada por Helena Poch para Taller Uno. Base de madera o metal, tallo de madera y pantalla de algodón o nómex.

Lampada Lena, disegnata da Helena Poch per Taller Uno. Base di legno o metalo, stelo di legno e paralume di cotone o nomex.

Lena lamp, designed by Helena Poch for Taller Uno. Wood or metal base, wood stem and cotton or nómex shade.

A la izquierda, lámpara Masaï M de Joan Augé para Taller Uno. Cuerpo de hierro forjado y pantalla de mimbre.

A sinistra, lampada Masaï M di Joan Augé per Taller Uno. Corpo di ferro lavorato e paralume di vimini.

On the left, Masaï M lamp by Joan Augé for Taller Uno. Wrought iron body and wicker shade.

A la derecha, Latina de Joan Augé para Taller Uno. Base de metal fundido, tallo de metal cromado forrado en cuero y pantalla translúcida.

A destra, Latina di Joan Augé per Taller Uno. Base di metallo fuso, stelo di metallo cromato foderato in cuoio e paralume traslucido.

On the right, Latina by Joan Augé for Taller Uno. Cast metal base, chromium plated stem covered in leather, with translucent shade.

Lámpara Palace M, diseñada por el Equipo Taller Uno. Cuerpo de madera clara u oscura y pantalla de algodón.

Lampada Palace M, disegnata da Euipo Taller Uno. Corpo di legno chiaro o scuro e paralume di cotone.

Palace M lamp, designed by the Taller Uno team. Body of light or dark wood and cotton shade.

Medusa M de Pete Sans para Taller Uno.

Medusa M di Pete Sans per Taller Uno.

Medusa M by Pete Sans for Taller Uno.

Lámpara Tragara diseñada por Otto Krüger para Classicon.

Lampada Tragara disegnata da Otto Krüger per Classicon.

Tragara lamp designed by Otto Krüger for Classicon.

Lámpara Cubana, diseñada por Joan Augé para Taller Uno.

Lampada Cubana, disegnata da Joan Augé per taller Uno.

Cubana lamp, designed by Joan Augé for Taller Uno.

Mito M, de Joan Augé para Taller Uno.

Mito M, di Joan Augé per Taller Uno.

Mito M, by Joan Augé for Taller Uno.

Xina M de Joan Augé para Taller Uno.

Xina M di Joan Augé per Taller Uno.

Xina M by Joan Augé for Taller Uno.

Lámpara Prima de Pete Sans para Taller Uno.

Lampada Prima di Pete Sans per Taller Uno.

Prima lamp by Pete Sans for Taller Uno.

En la página siguiente, lámpara Repisa.

Nella pagina successiva, lampada Repisa.

On the following page, Repisa lamp.

A la izquierda, Pinza, diseñada por Joan Augé. Pinza de polipropileno, tallo de metal niquelado y pantalla de algodón. A la derecha, lámpara Rumba M de Helena Poch. Pies de madera y pantalla de algodón. Ambas para Taller Uno

A sinistra, Pinza, disegnata da Joan Augé. Pinza di polipropilene, stelo di metallo nichelato e paralume di cotone. A destra, lampada Rumba M di Helena Poch. Basi di legno e paralume di cotone. Entrambe per Taller Uno.

On the left, Pinza, designed by Joan Augé. Clip of polypropylene, stem of nickel-plated metal and cotton shade. On the right, Rumba M lamp by Helena Poch. Wooden feet and cotton shade. Both for Taller Uno.

Lámpara Ritz M de Joan Augé para Taller Uno.

Lampada Ritz M di Joan Augé per Taller Uno.

Ritz M lamp by Joan Augé for Taller Uno.

Xina M de Joan Augé para Taller Uno. Cuerpo de metal pintado negro o gris plata y pantalla de algodón blanco.

Xina M di Joan Augé per Taller Uno. Corpo di metallo dipinto di nero o grigio argentato e paralume di cotone bianco.

Xina M by Joan Augé for Taller Uno. Body of metal, painted black or silver gray, and white cotton shade.

Lámpara Mini de Joan Augé para Taller Uno. Cuerpo de aluminio o madera y pantalla de nómex o algodón.

Lampada Mini di Joan Augé per Taller Uno. Corpo di alluminio o legno e paralume di nomex o cotone.

Mini lamp by Joan Augé for Taller Uno. Body of aluminum or wood and shade of nomex or cotton.

Serena de Joan Augé para Taller Uno. Base de metal fundido, tallo forrado de cuero y pantalla de algodón.

Serena di Joan Augé per Taller Uno. Base di metallo fuso, stelo foderato di cuoio e paralume di cotone.

Serena by Joan Augé for Taller Uno. Cast metal base, stem covered with leather and cotton shade.

Lámparas de pie

Las lámparas de pie pueden proporcionar luz general o dirigida hacia un punto determinado. Muestran zonas de gran importancia en la casa, ya que revelan dónde es necesario un foco de luz para realizar una tarea determinada o, en cambio, donde conviene destacar elementos o zonas concretas. A menudo, por su luz intensa o pálida, las lámparas de pie, son las eternas compañeras de las cómodas butacas de salón, ya que permiten un plácido deslizamiento de las largas horas de domingo.

Lampade a stelo

Le lampade a stelo possono dare un tipo di illuminazione generale o diretta verso un punto determinato. Mostrano zone di grande importanza nella casa, giacché rivelano dove è necessaria una luce per realizzare un compito determinato o dove conviene far risaltare elementi o zone concrete. Spesso, a causa della loro luce intensa o pallida, le lampade a stelo, sono le eterne compagne delle comode poltrone della sala, giacché consentono che le lunghe ore della domenica trascorrano piacevolmente.

Floor lamps

Floor lamps can provide lighting for a general area or for a specific point. They mark the areas of importance in the home, since they are there where lighting is necessary for a particular task or, on the other hand, to highlight specific elements or zones. With either intense or soft light, floor lamps are the constant companions of comfortable living room armchairs, helping the long hours of a Sunday slip smoothly and pleasantly by.

Lámpara Palace P, diseñada por el Equipo Taller Uno.
Cuerpo de madera clara u oscura y pantalla de algodón.

Lampada Palace P, disegnata da Equipo Taller Uno.
Corpo di legno chiaro o oscuro e paralume di cotone.

Palace P lamp, designed by the Taller Uno team.
Body of light or dark-colored wood and cotton shade.

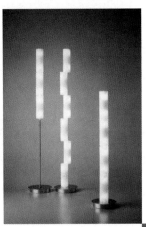

Lámpara de pie Akis para Classicon.

Lampada a stelo Akis per Classicon.

Akis floor lamp for Classicon.

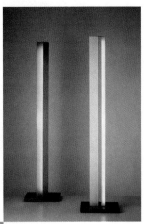

Lámpara Charis para Classicon.

Lampada Charis per Classicon.

Charis lamp for Classicon.

Blau, de Pete Sans, para Taller Uno. Pantalla de fundición de aluminio pintado en azul o en gris, tallo de metal pintado en gris plata y base de madera.

Blau, di Pete Sans per Taller Uno. Paralume di ghisa di alluminio dipinto in blu o in grigio, stelo di metallo dipinto in grigio argentato e base di legno.

Blau, by Pete Sans, for Taller Uno. Shade of cast aluminum in blue or gray, with a stem of metal painted silver gray and wooden base.

Lámpara Tower diseñada para Domus Central.

Lampada Tower disegnata per Domus Central.

Tower lamp designed for Domus Central.

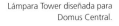
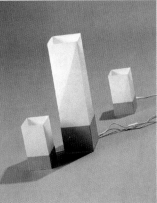

Lámpara Cyclon, de Domus Central.

Lampada Cyclon, di Domus Central.

Cyclon lamp, from Domus Central.

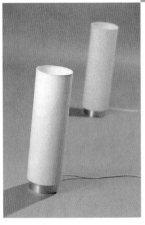

Lámpara de pie Millennium, diseñada para Domus Central.

Lampada a stelo Millennium, disegnata per Domus Central.

Millennium floor lamp, designed for Domus Central.

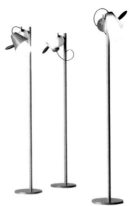

Lámpara Magnas, de
Heiko Bartels y Harald
Hullmann para
Classicon.

*Lampada Magnas, di
Heiko Bartels e Harald
Hullmann per Classicon.*

**Magnas lamp,
by Heiko Bartels and
Harald Hullmann
for Classicon.**

Lámpara de pie diseñada
por John Hutton para
Bench.

*Lampada a stelo
disegnata da John
Hutton per Bench.*

**Floor lamp designed
by John Hutton
for Bench.**

Lámpara de pie
que permite ajustar
su altura. Diseñada para
Classicon.

*Lampada a stelo che
consente la regolazione
dell'altezza. Disegnata
per Classicon.*

**Floor lamp that
can be adjusted
for height. Designed
for Classicon.**

A la derecha, lámparas Tube
Light de Eileen Gray
para Classicon.

*A destra, lampade Tube Light
di Eileen Gray per Classicon.*

**On the right,
Tube Light lamps
by Eileen Gray for Classicon.**

Lámpara Orbis, de Herbert H.
Schultes para Classicon.

*Lampada Orbis, di Herbert H.
Schultes per Classicon.*

**Orbis lamp, by Herbert
H. Schultes for Classicon.**

Kenya, de Joan Augé para Taller Uno.
Base de madera, tallo de metal cromado
y pantalla de nómex o algodón blanco.

*Kenya, di Joan Augé per Taller Uno.
Base di legno, stelo di metallo cromato
e paralume di nomex o cotone bianco.*

Kenya, by Joan Augé for Taller Uno.
Wooden base, chromium-plated metal
stem and shade of nomex or
white cotton.

En la columna de la izquierda,
lámparas Japan, diseñadas por
Joan Augé para Taller Uno.

*Nella colonna a sinistra lampade Japan,
disegnate da Joan Augé per Taller Uno.*

**In the column on the left,
Japan lamps, designed
by Joan Augé for Taller Uno.**

Lámpara Flama, de Joan Augé. Pantalla de algodón
blanco y tubo de metal forrado de cuero.

*Lampada Flama, di Joan Augé. Paralume di cotone
bianco e tubo di metallo foderato di cuoio.*

**Flama lamp, by Joan Augé. White cotton
shade and metal tube covered with leather.**

Lip, de Joan Augé para Taller Uno. Tubo
de metal forrado de cuero y pantalla de
nómex o algodón blanco.

*Lip, di Joan Augé per Taller Uno. Tubo di
metallo foderato in cuoio e paralume di
nomex o cotone bianco.*

**Lip, by Joan Augé for Taller Uno.
Metal tube with leather covering
and shade of nomex or white cotton.**

Lámpara Ritz P, de Joan Augé para Taller Uno.

Lampada Ritz P, di Joan Augé per Taller Uno.

Ritz P lamp, by Joan Augé for Taller Uno.

Lámpara Kay P, de Joan Augé para Taller Uno. Base de madera,
tallo de metal cromado y pantalla de algodón blanco.

*Lampada Kay P, di Joan Augé per Taller Uno. Base di legno,
stelo di metallo cromato e paralume di cotone bianco.*

**Kay P lamp, by Joan Augé for Taller Uno.
Wooden base, stem of chromium-plated metal
and white cotton shade.**

Laietana, de Ricard Mellet para Taller Uno. Pies de madera natural, oscura o miel, y pantalla de algodón.

Laietana, di Ricard Mellet per Taller Uno. Basi di legno naturale, oscuro o color miele e paralume di cotone.

Laietana, by Ricard Mellet for Taller Uno. Feet of natural wood, dark or honey colored, and cotton shade.

En la página siguiente, lámpara Mito de Joan Augé para Taller Uno.

Nella pagina successiva, lampada Mito di Joan Augé, per Taller Uno.

On the following page, Mito lamp by Joan Augé for Taller Uno.

Lámpara Masaï P de Joan Augé. Cuerpo de hierro forjado y pantalla de mimbre.

Lampada Masaï P di Joan Augé. Corpo di ferro lavorato e paralume di vimini.

Masaï P lamp by Joan Augé. Wrought iron body and wicker shade.

En la columna de la
izquierda, lámparas
Xina y Club, de Joan
Augé para Taller
Uno.

*Nella colonna a
sinistra, lampade
Xina e Club,
di Joan Augé per
Taller Uno.*

In the column
on the left, Xina
and Club lamps,
by Joan Augé
for Taller Uno.

A la derecha, Vals P
de Ramon Valls para
Taller Uno. Soporte
gris pintado y
pantalla translúcida.

*A destra, Vals P di
Ramon Valls per
Taller Uno. Supporto
grigio dipinto e
paralume traslucido.*

On the right, Vals P
by Ramon Valls for
Taller Uno. Base
painted gray and
translucent shade.

Lámpara Vestal P de Ramon Valls. Base de madera y pantalla de pergamino plisado.

Lampada Vestal P di Ramon Valls. Base di legno e paralume di pergamina plissettata.

Vestal P lamp by Ramon Valls. Wooden base and pleated parchment shade.

Lámpara Cálida, diseñada por Pete Sans para Taller Uno.

Lampada Cálida, disegnata da Pete Sans per Taller Uno.

Cálida lamp, designed by Pete Sans for Taller Uno.

Lámparas colgantes

Las luces colgantes suelen proporcionar una buena iluminación general. La cantidad de luz efectiva que éstas nos ofrezcan dependerá del tipo de pantalla que se utilice y de la altura a la que se cuelgue. Las lámparas de techo serán, normalmente, la elección más convencional para iluminar la zona central del comedor. Suelen emitir una luz intensa, aunque dejan rincones en penumbra. Por este motivo, acostumbran a complementarse con otros tipos de iluminación que ofrezcan la posibilidad de orientar su foco de luz hacia un punto concreto.

Lampade pensili

Le luci pensili conferiscono una buona illuminazione generale. La quantità della luce effettiva che offrono dipenderà in gran parte dal tipo di paralume che si utilizza e dall'altezza a cui vengono appese. Le lampade da soffitto di norma sono la scelta più convenzionale per l'illuminazione della zona centrale della sala da pranzo. In genere emettono una luce intensa, sebbene non raggiungano angoli in penombra. Per questa ragione, la luce che emettono va completata con un altro tipo di illuminazione che offra la possibilità di dirigere la luce verso un punto concreto.

Hanging lamps

Hanging lamps tend to provide good general lighting. The quantity of effective light that they offer us will depend on the type of shade used and the height they are hung at. Ceiling lamps will normally be the usual selection for lighting the central area of the dining room. They usually give off intense light, though they leave the corners in half-light. For this reason they are often supplemented with other types of lighting that offer the possibility of focussing light on a specific point.

Lámpara Bambalina, de Pete Sans para Taller Uno. Soporte de madera y pantalla de algodón crudo.

Lampada Bambalina, di Pete Sans per Taller Uno. Supporto di legno e paralume di cotone grezzo.

Bambalina light, by Pete Sans for Taller Uno. Wooden frame and natural cotton shade.

Detalle de la lámpara Loos Lineal,
de Joan Augé para Taller Uno.

*Dettaglio della lampada Loos Lineal,
di Joan Augé per Taller Uno.*

**Detail of the Loos Lineal lamp,
by Joan Augé for Taller Uno.**

Lámpara Sol de Christian Werner
para Classicon.

*Lampada Sol di Christian Werner
per Classicon.*

**Sol lamp by Christian Werner
for Classicon.**

Tris Tras, de Joan Augé, para Taller Uno.

Tris Tras, di Joan Augé per Taller Uno.

Tris Tras, by Joan Augé, for Taller Uno.

Lámpara Araña de Joan Augé. Pantalla en negro,
marfil o gris y tubo cromado.

*Lampada Araña di Joan Augé. Paralume nero,
avorio o grigio e tubo cromato.*

Araña lamp by Joan Augé. Shade in black,
ivory or gray and chromium-plated tubes.

Melampos lamp designed for Classicon.

Lampada Melampos disegnata per Classicon.

Candeeiro Melampos desenhado para Classicon.

A la derecha, Loos Lineal, de Joan Augé para Taller Uno.
Soporte de aluminio pulido, cromado o dorado y pantallas
de nómex o cristal blanco.

*A destra, Loos Lineal, di Joan Augé per Taller Uno. Supporto
di alluminio brillante, cromato o dorato e paralumi di nomex
o cristallo bianco.*

**On the right, Loos Lineal, by Joan Augé for Taller Uno.
Frame of polished, chromium-plated or gold-plated
aluminum and nomex or white glass shades.**

Lámpara Alpina, diseñada por Pete Sans para Taller Uno.

Lampada Alpina, disegnata da Pete Sans per Taller Uno.

Alpina lamp, designed by Pete Sans for Taller Uno.

Medusa C, diseñada por Pete Sans, Taller Uno.

Medusa C, disegnata da Pete Sans, Taller Uno.

Medusa C, designed by Pete Sans, Taller Uno.

En la página siguiente, lámparas Gota, diseñadas por Joan Augé. Difusor de cristal tríplex azul o blanco.

Nella pagina successiva, lampade Gota, disegnate da Joan Augé. Diffusore di cristallo triplex azzurro o bianco.

On the following page, Gota lamps, designed by Joan Augé. Triplex glass diffuser in blue or white.

Lámpara Péndulo, de Joan Augé para Taller Uno.

Lampada Péndulo, di Joan Augé per. Taller Uno.

Péndulo lamp, by Joan Augé for Taller Uno.

Loos 3/4. Diseñada por Joan Augé para Taller Uno.

Loos 3/4. Disegnata da Joan Augé per Taller Uno.

Loos 3/4. Designed by Joan Augé for Taller Uno.

Lámpara Mito, de Joan Augé, para Taller Uno.

Lampada Mito, di Joan Augé per Taller Uno.

Mito lamp, by Joan Augé, for Taller Uno.

Lámpara Nox diseñada por Flexis para Classicon.

Lampada Nox disegnata da Flexis per Classicon.

Lampe Nox entworfen von Flexis für Classicon.

Globo, de Joan Augé para Taller Uno. Soporte de metal cromado y difusor de cristal opal blanco con soporte de color.

Globo, di Joan Augé per Taller Uno. Supporto di metallo cromato e diffusore di cristallo opaco bianco con supporto colorato.

Globo, by Joan Augé for Taller Uno. Chromium plated support and diffuser of opal white glass with colored base.

Lámpara Vestal C, diseñada por Ramon Valls para Taller Uno. Pantalla de pergamino plisado.

Lampada Vestal C, disegnata da Ramon Valls per Taller Uno. Paralume di pergamina plissettata.

Loos 1, de Joan Augé, para Taller Uno.

Loos 1, di Joan Augé per Taller Uno.

Loos 1, by Joan Augé, for Taller Uno.

Vestal C lamp, designed by Ramon Valls for Taller Uno. Shade of pleated parchment.

Lámpara Alphaia, de Andreas Ostwald
y Klaus Nolting para Classicon.

*Lampada Alphaia, di Andreas Ostwald
e Klaus Nolting per Classicon.*

**Alphaia lamp, by Andreas Ostwald
and Klaus Nolting for Classicon.**

Lámpara Pipa, diseñada por Joan Augé para Taller Uno.

Lampada Pipa, disegnata da Joan Augé per Taller Uno.

**Pipa lamp, designed by Joan Augé
for Taller Uno.**

Lámpara Milan, diseñada por el
Equipo Taller Uno.

*Lampada Milan, disegnata
dall'Equipo Taller Uno.*

**Milan lamp, designed by the
Taller Uno team.**

Lámpara Japan C, diseñada por Joan
Augé para Taller Uno. Pantalla de
nómex o algodón blanco.

*Lampada Japan C, disegnata da Joan
Augé per Taller Uno. Paralume di
nomex o cotone bianco.*

**Japan C lamp, designed
by Joan Augé for Taller Uno.
Nomex or white cotton shade.**

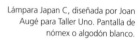

Lámpara Geométrica, diseñada
por Victor Juan para Taller Uno.

*Lampada Geométrica, disegnata
da Victor Juan per Taller Uno.*

**Geométrica lamp, designed
by Victor Juan for Taller Uno.**

Lámpara reflexión, diseñada por Nancy
Robins para Taller Uno.

*Lampada Reflexión, disegnata da
Nancy Robbins per Taller Uno.*

**Reflexión lamp, designed
by Nancy Robbins for Taller Uno.**

A la izquierda y en el centro, lámparas Laia, diseñadas
por Joan Augé para Taller Uno.

*Alla sinistra e al centro, lampade Laia, disegnate
da Joan Augé per Taller Uno.*

**Left and center, Laia lamps, designed by Joan Augé
for Taller Uno.**

Lámpara Club C, diseñada por Joan
Augé para Taller Uno.

*Lampada Club C, disegnata da Joan
Augé per Taller Uno.*

**Club C lamp, designed by
Joan Augé for Taller Uno.**

Lámparas Iris y Lino, diseñadas
por Helena Poch para Taller Uno.

*Lampada Iris e Lino, disegnata
da Helena Poch per Taller Uno.*

**Iris and Lino, designed
by Helena Poch for Taller Uno.**

Lámpara Vals C, diseñada
por Ramon Valls para Taller Uno.

*Lamada Vals C, disegnata
da Ramon Valls per taller Uno.*

**Vals C lamps, designed
by Ramon Valls for Taller Uno.**

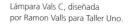

Samba C, de Helena Poch para
Taller Uno.

*Samba C, di Helena Poch per
Taller Uno.*

**Samba C, by Helena Poch for
Taller Uno.**

Lámparas de pared

Las lámparas de pared y los apliques se utilizan para proyectar luz de manera indirecta. Normalmente, este tipo de iluminación suele colocarse en los recibidores y los pasillos, ya que en las zonas de paso no es necesario un foco de luz excesivamente intenso. Además, los apliques permiten una circulación fluida por el espacio, ya que son de pequeñas dimensiones.

Lampada da parete

Le lampade da parete e i faretti vengono utilizzati per proiettare la luce in modo indiretto. Normalmente, questo tipo di illuminazione si colloca negli androni e nei corridoio, visto che sono zone di passaggio in cui non è necessario un'iluminazione eccessivamente intensa. Inoltre, i faretti consentono una circolazione fluida nello spazio visto che sono di piccole dimensioni.

Wall lamps

Wall lamps are used to project indirect lighting. Normally this sort of lamp is placed in entrance halls and corridors, since these areas of passage do not require a particularly intense light source. In addition, wall lamps permit easy circulation in the area since they are of small size.

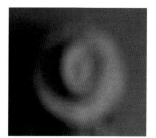  

Vestal A, diseñada por Ramon Valls para Taller Uno.
Pantalla de pergamino plisado.

Vestal A, disegnata da Ramon Valls per Taller Uno.
Paralume di pergamina plissettata.

Vestal A, designed by Ramon Valls for Taller Uno.
Pleated parchment shade.

Lámpara Janus, de Harald Gruber, para Classicon.

Lampada Janus di Harald Gruber per Classicon.

Janus lamp, by Harald Gruber, for Classicon.

Lámpara Grifo, de Joan Augé, para Taller Uno.

Lampada Grifo di Joan Augé per Taller Uno.

Grifo lamp, by Joan Augé, for Taller Uno.

Ares, de Stephan Braunfels, para Classicon.

Ares, di Stephan Braunfels per Classicon.

Ares, by Stephan Braunfels, for Classicon.

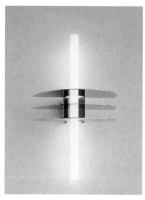

Bia, de Gioia Meller Marcovicz, para Classicon.

Bia, di Gioia Meller Marcovicz per Classicon.

Bia, by Gioia Meller Marcovicz, for Classicon.

Dos modelos de la lámpara Nox, diseñada por Flexis para Classicon.

Due modelli della lampada Nox, disegnata da Flexis per Classicon.

Two models of the Nox lamp, designed by Flexis for Classicon.

En la página siguiente, Duna, de Oriol Guimerà para Taller Uno.

Nella pagina successiva, Duna di Oriol Guimerà per Taller Uno.

On the following page, Duna, by Oriol Guimerà for Taller Uno.

Lámpara Punt, diseñada por Joan Augé para Taller Uno.

Lampada Punt, disegnata da Joan Augé per Taller Uno.

Punt lamp, designed by Joan Augé for Taller Uno.

Lámpara Masaï A, de Joan Augé para Taller Uno.

Lampada Masaï A, di Joan Augé per Taller Uno.

Masaï A lamp, by Joan Augé for Taller Uno.

Lámpara Trio de Taller Uno. Diseñada por Joan Augé, Helena Poch, J. Elgorriaga y Nuno Fitz.

Lampada Trio di Taller Uno; disegnata da Joan Augé, Helena Poch, J. Elgorriaga e Nuno Fitz.

Trio lamp by Taller Uno. Designed by Joan Augé, Helena Poch, J. Elgorriaga and Nuno Fitz.

En la página siguiente, Alien de cuerpo de aluminio pulido y difusor de cobre o cristal. Diseñada por Joan Augé para Taller Uno.

Nella pagina successiva, Alien con corpo in alluminio brillante e diffusore di rame o cristallo. Disegnata da Joan Augé per Taller Uno.

On the following page, Alien with polished aluminum body and diffuser of copper or glass. Designed by Joan Augé for Taller Uno.

Lámpara Japan A, diseñada por Joan Augé para Taller Uno.

Lampada Japan A, disegnata da Joan Augé per Taller Uno.

Japan A lamp, designed by Joan Augé for Taller Uno.

Medusa A, de Pete Sans para Taller Uno.

Medusa A, di Pete Sans per Taller Uno.

Medusa A, by Pete Sans for Taller Uno.

De izquierda a derecha, lámparas Opal y Ritz A.
Diseño de Joan Augé para Taller Uno.

Da sinistra a destra, lampade Opal e Ritz A. Design di Joan Augé per Taller Uno.

**From left to right, Opal and Ritz A lamps.
Design by Joan Augé for Taller Uno.**

En la página siguiente, lámpara Kairós, diseñada por Joan Augé para Taller Uno.

Nella pagina successiva, lampada Kairós, disegnata da Joan Augé per Taller Uno.

On the following page, Kairós lamp, designed by Joan Augé for Taller Uno.

Lámparas Xina y Japan.
Diseño de Joan Augé para Taller Uno.

*Lampade Xina e Japan.
Design di Joan Augé per Taller Uno.*

**Xina and Japan lamps.
Design by Joan Augé for Taller Uno.**

Blau A, de Pete Sans
para Taller Uno.

*Blau A, di Pete Sans
per Taller Uno.*

**Blau A, by Pete Sans
for Taller Uno.**

A la izquierda, Casino,
de Pepa Clavería y
Albert Estradé para
Taller Uno.

*A sinistra, Casino di
Pepa Clavería e Albert
Estradé per Taller Uno.*

**On the left, Casino,
by Pepa Clavería
and Albert Estradé
for Taller Uno.**

A la derecha, Ona,
diseñada por Joan
Augé para Taller Uno.

*A destra, Ona,
disegnata da Joan
Augé per Taller Uno.*

**On the right, Ona,
designed by Joan
Augé for Taller Uno.**

En la página siguiente,
Tibi de Joan Augé.

*Nella pagina successiva,
Tibi di Joan Augé.*

**On the following
page, Tibi
by Joan Augé.**

En las páginas anteriores,
lámparas Luna y Ritz A, diseñadas
por Joan Augé para Taller Uno.

*Nelle pagine precedenti, lampade Luna
e Ritz A disegnate da Joan Augé per
Taller Uno.*

**On the previous pages, Luna
and Ritz A lamps, designed
by Joan Augé for Taller Uno.**

A la izquierda y en medio, lámparas
Sevilla de Joan Augé. Soporte de madera
y pantalla de cristal blanco.

*A sinistra e in mezzo, lampade Sevilla di
Joan Augé. Supporto di legno e
paralume di vetro bianco.*

**Left and center, Sevilla lamps
by Joan Augé. Wooden support
and white glass shade.**

Xina A de Joan Augé. Cuerpo de metal
pintado negro o gris plata
y pantalla de algodón blanco. Taller Uno.

*Xina A di Joan Augé. Corpo di metallo
dipinto di nero o grigio argentato
e paralume di cotone bianco. Taller Uno.*

**Xina A by Joan Augé. Body of metal
painted black or silver gray and white
cotton shade. Taller Uno.**

Palace A, diseñada por el Equipo Taller Uno.

Palace A, disegnata dall'Equipo Taller Uno.

**Palace A, designed
by the Taller Uno team.**

En la columna de la derecha, lámparas Ola y Par,
diseñadas por Joan Augé para Taller Uno.

*Nella colonna a destra, lampade Ola e Par, disegnate
da Joan Augé per Taller Uno.*

**In the column on the right, Ola and Par lamps,
designed by Joan Augé for Taller Uno.**

Iluminación y osadía

Además de encontrar un mobiliario que se adapte a nuestro entorno cotidiano, es decisivo saber escoger una iluminación poco convencional si queremos que nuestra casa se convierta en un espacio con carácter. Para las personalidades originales o entusiastas, para las almas apasionadas o creativas, presentamos un abanico de experimentos en torno al concepto de luz que implican una llamada a favor de las ideas arriesgadas.

Illuminazione e audacia

Oltre al fatto di dover trovare un mobilio che si adatti al nostro ambiente quotidiano, è necessario saper scegliere un'illuminazione poco convenzionale se vogliamo che la nostra casa diventi uno spazio con certo carattere. Per le personalità originali ed entusiasti, per gli spiriti appassionati o creativi, presentiamo una gamma di esperimenti intorno al concetto della luce che invitano all'utilizzo di idee audaci.

Lighting and bold ideas

Besides finding furniture that will adapt to our everyday surroundings, it is fundamental to know how to choose unconventional light fixtures if we want to turn our home into a place with a character of its own. For original, enthusiastic personalities, for passionate, creative spirits, we present a range of experiments with light that are like a call to arms in defense of daring ideas.

Giocasta Sospensione.
Diseño de Andrea Anastasio para Artemide.

Giocasta Sospensione.
Disegnata da Andrea Anastasio per Artemide.

Giocasta Sospensione.
Design by Andrea Anastasio for Artemide.

Lámpara diseñada para la
colección Garpa.

*Lampada disegnata per la
collezione Garpa.*

**Lamp designed for the Garpa
collection.**

Serafine, diseñada para Yamakado.

Serafine, disegnata per Yamakado.

Serafine, designed for Yamakado.

Modelo Side B, diseñado para
Diemo Alfons.

*Modello Slide B, disegnato per
Diemo Alfons.*

**Side B model, designed for
Diemo Alfons.**

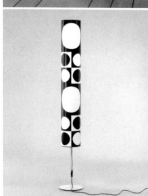  

Geolight, diseñado para Innovation.

Geolight, disegnata per Innovation.

Geolight, designed for Innovation.

Pomona de Classicon y 5 Liter Licht,
diseñada para la colección Garage Blau.

*Pomona di Classicon e 5 Liter Licht,
disegnata per la collezione Garage Blau.*

**Pomona from Classicon and 5 Liter
Licht, designed for the Garage Blau
collection.**

En la página siguiente,
Möller Design apuesta por una
iluminación con soporte atrevido.

*Nella pagina successiva, Möller Design
propone un'illiminazione con supporto
audace.*

**On the following page,
Möller Design opts for a lamp
with a very original stem.**

La Colección Artemide apuesta por las lámparas informales que se adaptan a todo tipo de ambientes. Modelos Giocastra Parete, Giocastra Tavolo y Giocastra Terra, de Andrea Anastasio. Gaia y Cigno Sospensione, de Örni Halloween.

La Collezione Artemide propone lampade che si adattano a ogni tipo di ambiente. Modelli Giocastra Parete, Giocastra Tavolo e Giocastra Terra, di Andrea Anastasio. Gaia e Cigno Sospensione, di Örni Halloween.

The Artemide collection goes in for informal lamps that adapt themselves to all sorts of environments. Giocastra Parete, Giocastra Tavolo and Giocastra Terra models, by Andrea Anastasio. Gaia and Cigno Sospensione, from Örni Halloween.

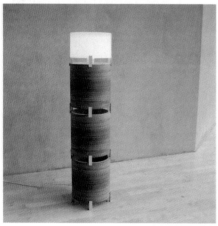 

Leuchte, diseñado para la Colección Diemo Alfons.

Leuchte, disegnata per la Collezione Diemo Alfons.

Leuchte, designed for the Diemo Alfons collection.

Modelo Yin, diseñado por Carlotta de
Bevilacqua para Artemide.

*Modello Yin, disegnato da Carlotta de
Bevilacqua per Artemide.*

**Yin model, designed by Carlotta
de Bevilacqua for Artemide.**

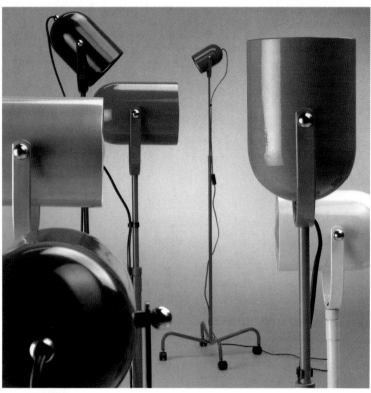

Beam, para la
Colección
Innovation.

*Beam, per la
Collezione
Innovation.*

**Beam, for the
Innovation
collection.**

Oggetto animale,
de los geniales
artistas Stefania
Albertini y
Giampiero Moioli.

*Oggetto animale,
dei geniali artisti
Stefania Albertini
e Giampiero
Moioli.*

**Oggetto animale,
by the ingenious
artists Stefania
Albertini and
Giampiero Moioli.**

A la derecha,
Colección
Trip Trap.

*A destra,
Collezione
Trip Trap.*

**On the right,
Trip Trap
collection.**

En la página anterior, Prometeo de Aldo Rossi para Artemide. Lámpara de tierra de acero pintado de color negro opaco. Un difusor rectangular de metacrilato opalino proporciona luz difusa de ambiente además de las cuatro fuentes principales de color.

Nella pagina precedente, Prometeo di Aldo Rossi per Artemide. Lampada da terra in acciaio di color nero opaco. Un diffusore rettangolare di metacrilato opalino da una luce diffusa d'ambiente oltre alle quattro fonti principali di colore.

On the previous page, Prometeo by Aldo Rossi for Artemide. Floor lamp of steel painted in opaque black. A rectangular diffuser of opaline methacrylate provides dim, atmospheric light as well as four main color sources.

Candleholder de aluminio. Diseño de Carina Ahlburg para Freiraum.

Candleholder di alluminio. Design di Carina Ahlburg per Freiraum.

Aluminum candleholder. Design by Carina Ahlburg for Freiraum

En la página siguiente, candelabros Viktor Viktoria, diseñados por Fauxpas para Nils Holger Moormann.

Nella pagina successiva, candelabri Viktor Viktoria, disegnati da Fauxpas per Nils Holger Moormann.

On the following page, Viktor Viktoria candelabras, designed by Fauxpas for Nils Holger Moormann.

En esta página, distintos candelabros se convierten en protagonistas de los ambientes recogidos. De arriba a abajo, Zeitraum, Trip Trap y Stua.

In questa pagina, diversi candelabri diventano i protagonisti degli ambienti raccolti. Dall'alto verso il basso, Zeitraum, Trip Trap e Stua.

On this page, different candelabras become the outstanding features of the environments shown. From top to bottom, Zeitraum, Trip Trap and Stua.

En la página siguiente, modelo Stuhl de Diemo Alfons, a la luz de las velas.

Nella pagina successiva, modello Stuhl di Deimo Alfons, a lume di candela.

On the following page, Stuhl model by Diemo Alfons, by candlelight.

Directorio
Directory
Directory

ADELTA INTERNACIONAL
Bert Ufermann
Friedrich-Ebert-Str. 96
D-46535 Dinslaken, Germany
Tel. +49 (0)2064-40797
Fax. +49 (0)2064-40798
E-mail: adelta@t-online.de
http://www.adelta.de
http://www.eero-aarnio.com

AIXETA D'OR, LA–COMERCIAL HOMS
Passeig Sant Gervasi, 76
Barcelona, España
Tel. +34 93 417 19 61
Fax. +34 93 434 06 33
E-mail: aixeta@aixeta.com
http://www.aixeta.com

ALBERTINI E MOIOLI
Stefania Albertini e
Giampiero Moioli
Via G. Rovetta, 4
20052 Monza (MI), Italia
Tel. +39 0391 202 35 72
Fax. +39 0391 202 35 72
E-mail: albertinimoioli@jumpy.it
http://www.albertiniemoioli.it

ALTRO
La Coma, 18 A1
P.I. Pla de Santa Anna
08272 Sant Fruitós de Bages
(Barcelona), España
Tel. +34 902 104 108
Fax. +34 902 104 109

E-mail: altro@altro.es
http://www.altro.es

ALLMILMÖ
Obere Altach 1
D-97472
Zeil am Main, Germany
Tel. +49 09524 910
Fax. +49 09524 9925
E-mail: info@allmilmoe.com
http://www.allmilmoe.com

ANNIBALE COLOMBO
Via delle Betulle, 3
22060 Novedrate (CO), Italia
Tel. +39 031 790 494
Fax. +39 031 791 607
E-mail: info@annibalecolombo.com
http://www.annibalecolombo.com

ARTEK
Eteläesplanadi, 18
FIN-00130 Helsinki, Finland
Tel. +358 9 613 250
Fax. +358 9 6132 5260
E-mail: info@artek.fi
http://www.artek.fi

ARTEMIDE
Via Bergamo, 18
20010 Pregnana Milanese (MI), Italia
Tel. +39 02 993518.1
Fax. +39 02 93590254/93590496
E-mail: info@artemide.com
http://www.artemide.com

BALERI ITALIA
Via S. Bernardino, 39/41
24040 Lallio (Bergamo), Italia
Tel. +39 035 698011
Fax. +39 035 691454
E-mail: info@baleri-italia.com
http://www.baleri-italia.com

BELLATO-PALLUCCO ITALIA
Via Azzi, 36
31040 Castagnole di Paese (TV), Italia
Tel. +39 0422 438800
Fax. +39 0422 438555
E-mail: infobellato@pallucobellato.it
http://www.pallucobellato.it

BENCH-BENDERS MEUBELATELIERS
Postbus 4797
5953 ZK Reuver NL, Nederlands
Tel.+31 77 474 09 99
Fax. +31 77 474 60 25
E-mail: bench@bench.nl
http://www.bench.nl

BERNINI
Via Fiume, 17
20048 Carate Brianza (MI), Italia
Tel. +39 (0362) 900012-12-14
Fax. +39 (0362) 990429
E-mail: bernini@cosmo.it
http://www.bernini.it

BIS BIS IMPORTS BOSTON
4 Park Plaza
Boston MA 02116, USA

Tel. +1 617 350 7565
Fax. +1 617 482 2339
E-mail: info@bisbis.com
http://www.bisbis.com

BODEMA
Via Padova, 12
20030 Camnago di Lentate sul Seveso
(MI), Italia
Tel. +39 0362 5572 55/60
Fax. +39 0362 5572 71
E-mail: bodema@bodema.it
http://www.bodema.it

BONALDO
Via Straelle, 3
35010 Villanova di Camposanpiero
(PD), Italia
Tel. +39 049 929 90 11
Fax. +39 049 929 90 00
E-mail: bonaldo@bonaldo.it
http://www.bonaldo.it

BORNEMI
Muntaner, 116, L5
08036 Barcelona, España
Tel. +34 93 451 10 16
Fax. +34 93 451 12 38
E-mail: bornemi@teleline.es

BÖWER
Brookweg, 1
D-49586 Neuenkirchen, Germany
Tel. +49 05465 9292 0
Fax. +49 05465 9292 15
E-mail: info@boewer.com
http://www.boewer.com

BRF
Loc. S. Marziale
53034 Colle Val d'Elsa (SI), Italia
Tel. +39 0577 929 418
Fax. +39 0577 929 648
E-mail: biancucci@brfcolors.com
http://www.brfcolors.com

CALLIGARIS
Viale Trieste, 12
33044 Manzano (Udine), Italia

Tel. +39 04327 48211
Fax. +39 0432750104
E-mail: info@calligaris.it
http://www.calligaris.it

CANDY ELETTRODOMESTICI
Via privata Eden Fumagalli
20047 Brugherio (MI), Italia
Tel. +39 039 20861
Fax. +39 039 2086237
E-mail: info@candy.it
http://www.candy.it

CANTORI
Via Dante Alighieri, 52
60021 Camerano (Ancona), Italia
Tel. +39 0717 30051
Fax. +39 0717 300501
E-mail: info@cantori.it
http://www.cantori.it

CASAWELL SERVICE GRUPPE
Bustedter Weg, 16
D-32130 Enger, Germany
Tel. +49 (05223) 165-0
Fax. +49 (05223) 165-52593
http://www.casawell.de

CASSINA
Via L. Brusnelli, 1
20036 Meda (Milano), Italia
Tel. +39 0362372.1
Fax. +39 0362342246-340959
E-mail: info@cassina.it
http://www.cassina.it

CLASSICON
Perchtinger Strasse, 8
81379 München, Germany
Tel. +49 089 748133-0
Fax. +49 089 7809996
E-mail: info@classicon.com
http://www.classicon.com

CLUB 8 COMPANY
Fabriksvej 4
P.O. BOX 74
6870 Ogold, Denmark

Tel. +45 7013 1366
Fax. +45 7013 1367
E-mail: club8@club8.com
http://www.club8.com

COIM
Ctra. Navalón, s/n
46640 Moixent (Valencia), España
Tel. +34 962 295 008
Fax. +34 962 295 009
E-mail: coim@coim.com
http://www.coim.com

COLLINS AND HAYES
Menzies Road, Ponswood
St Leonards-on-sea
East Sussex TN38 9XF, England
Tel. +44 (1424) 720027
Fax. +44 (1424) 720270
E-mail: sales@collinsandhayes.com
http://www.collinsandhayes.com

COSMIC
Cerdanya, 2
Polígon Industrial La Borda
P.O. BOX 184
08140 Caldes de Montbui, España
Tel. +34 938 654 277
Fax. +34 938 654 264
E-mail: cosmic@icosmic.com
http://www.icosmic.com

COSTANTINO BY ARDES
Viale unità d'Italia, 123
74100 Taranto, Italia
Tel. +39 099 776 1538
Fax. +39 099 772 4070
E-mail: costantino@deor.com

CUCINE COPAT
Viale L. Zanussi, 9
33070 Maron di Brugnera (PN),
Italia
Tel. +39 0434 617111
Fax. +39 0434 617212
E-mail: info@copat.it
http://www.copat.it

Daewoo International Corporation
541, 5-Ga, Namdaemunno, Chung-gu,
C.P.P Box 2810, Seoul, Korea
Tel. 82+2-2114, Fax. 82+2-753-9489
E-mail: webmaster@daewoo.com
http://www.daewoo.com

Danona
Anardi Area, 2
Apartado 42
20730 Azpeitia (Gipuzkoa), España
Tel. +34 943 815 900
Fax. +34 943 810 066
E-mail: danona@danona.com
http://www.danona.com

Dhesja
Via Villalta, 18
33082 Azzano Decimo (Pn), Italia
Tel. +39 0434 640 346
Fax. +39 0434 642 016
E-mail: dhesja@dhesja.com
http://www.dhesja.com

Diemo Alfons
Rosenthaler Str. 19
10119 Berlin, Germany
Tel. +49 (0) 30 8522975
Fax. +49 (0) 30 85964353
E-mail: www.info@diemo-alfons.de
http://www.diemo-alfons.de

Domus Central
Crta. Nacional 332, nº 23 Km. 88
3550 San Juan (Alicante)
Apartado de Correos 183
03540 Playa San Juan (Alicante),
España
Tel. +34 965 94 33 60
Fax. +34 965 94 33 61
E-mail: domus@domuscentral.com
http://www.domuscentral.com

Dornbracht
Köbbingser Mühle, 6
D-58640 Iserlohn, Germany
Tel. +49 (0)2371-433-0
Fax. +49 (0)2371-433-232

E-mail: mail@dornbracht.de
http://www.dornbracht.com

Duravit
P.O. BOX 240
78128 Hornberg, Germany
Tel. +49 7833 70-317
Fax. +49 7833 8243
E-mail: export@duravit.de
http://www.duravit.com

Elledue Arredobagno–Gruppo Copat
Viale L. Zanussi, 9
33070 Maron di Brugnera (Pn),
Italia
Tel. +39 0434 617111
Fax. +39 0434 617212
E-mail: info@copat.it
http://www.copat.it

Faber Mobili
Via S. Barbara, 20 (Z.I.S. Lazzaro)
36061 Bassano del Grappa (Vi),
Italia
Tel. +39 424 568411
Fax. +39 424 568413
E-mail: fabermobili@fabermobili.com
http://www.fabermobili.com

Febal Cucine
Via Provinciale, 11
61025 Montelabbate (Pu), Italia
Tel. +39 0721 42621
Fax. +39 0721 426257
E-mail: febal@febal.it
http://www.febal.com

Freiraum
Bahnhofsplatz, 1
D-82319 Starnberg, Germany
Tel. +49 08151 72246
Fax. +49 08151 72236
E-mail: info@freiraumdesign.com
http://www.freiraumdesign.com

Gaggenau–Bsh Electrodomésticos
C/. Enrique Giménez, 4 bajos,

Barcelona, España
Tel. +34 93 280 47 58
Fax. +34 93 280 21 20
E-mail: gaggenau@ctv.es
http://www.gaggenau.com

Garage Blau
Strelitzer Str. 2
10115 Berlin, Germany
Tel. +49 030 440 100 57
Fax. +49 030 484 966 25
E-mail: info@garage-blau.de
www.garageblau.com

Garpa
Kiehnwiese, 1
21039 Escheburg bei Hamburg,
Germany
Tel. +49 04152 925200
Fax. +49 04152 925250
E-mail: info@garpa.de
http://www.garpa.com

Grohe España
Botánica, 78-88
Polígono Pedrosa
08908 L'Hospitalet de Llobregat,
(Barcelona), España
Tel. +34 93 336 88 50
Fax. +34 93 336 88 51
http://www.grohe.es

Hasena
Leymenstrasse 10
CH-4105 Biel-Benken BL, Schweiz
Tel. +41 61 721 2424
Fax. +41 61 721 2217
E-mail: sales@hasena.ch
http://www.hasena.ch

Horm
Via Crocera di Corva, 25
33082 Azzano Decimo (Pn), Italia
Tel. +39 0434 640733
Fax. +39 0434 640 735
E-mail: horm@horm.it
http://www.horm.it

HOUSE SISTEMA–GRUPPO COPAT
Viale L. Zanussi, 9
33070 Maron di Brugnera (PN),
Italia
Tel. +39 0434 617111
Fax. +39 0434 617212
E-mail: info@copat.it
http://www.copat.it

HÜLSTA–WERKE
Gerhart-Hauptmann-Str. 43-49
D-48703 Stadtlohn, Germany
Tel. +49 2563 86 0
Fax. +49 2563 86 1417
E-mail: huelsta@huelsta.de
http://www.huelsta.de

INNOVATION RANDERS
Blommevej 38
DK-8900 Randers, Denmark
Tel. +45 86 43 82 11
Fax. +45 86 43 84 88
E-mail: mail@inno.dk
http://www.inno.dk

KFF DESIGN
Bahnhofstraße 27
D-32657 Lemgo, Germany
Tel. +49 (0) 52 61/98 59-0
Fax. +49 (0) 52 61/8 92 81
E-mail info@kff.de
http://www.kff.de

KORHONEN
Uusi-Littoistentie, 2-4
20660 Littoinen, Finland
Tel. +358 02 275 1200
Fax. +358 02 244 2460
E-mail: info@hkt-korhonen.fi
http://www.hkt-korhonen.fi

LAUFEN
Wahlenstrasse 46
CH-4242 Laufen, Schweiz
Tel. +41 61 7657
Fax. +41 61 7611386
E-mail: infocenter@laufen.ch
http://www.laufen.ch

LEICHT KÜCHEN
Gmünder Strasse 70
7355 Waldstetten, Germany
Tel. +49 07171 402-0
Fax. +49 07171 9402-358
E-mail: info@leicht.de
http://www.leicht.de

LIVING DIVANI
Strada del Cavolto
22040 Anzano del Parco (CO), Italia
Tel. +39 031 630 954
Fax. +39 031 632 590
E-mail: info@livingdivani.it
http://www.livingdivani.it

LLOYD LOOM
Via Artigianato, 1
31025 S. Lucia di Piave (TV), Italia
Tel. +39 0438 450580
Fax. +39 0438 451066
E-mail: lloyd@tv.shineline.it
http://www.jtc.it/lloyd

MAGIS
Via Magnadola, 15
31045 Motta di Livenza (TV), Italia
Tel. +39 0422 768742/3
Fax. +39 0422 766395
E-mail: info@magisdesign.com
http://www.magisdesign.com

MAGMA
S.S. 123 Km. 36, Zona Industriale
92027 Licata (Ag), Italia
Tel. +39 0922 898147
Fax. +39 0922 898246
E-mail: info@MagmaNetwork.it
http://www.MagmaNetwork.com

MALOFANCON DI FANCON LEONARDO
Via Cardinale de Lai, 10
36034 Malo (Vicenza), Italia
Tel. +39 0445 602466
Fax. +39 0445 580032
E-mail: sales@malofancon.com
http://www.malofancon.com

MATTEO GRASSI
Via Padre Rovanati, 2
22066 Mariano Comense (CO), Italia
Tel. +39 031 757 711
Fax. +39 031 748 388
E-mail: info@matteograssi.it
http://www.matteograssi.it

MÖLLER DESIGN
Residenzstrasse 16
D-32657 Lemgo, Germany
Tel. +49 5261 9859-5
Fax. +49 5261 89218
E-mail: info@moeller-design.de
http://www.moeller-design.de

MONTANA
Akkerupvej, 16
DK-5683 Haarby, Denmark
Tel. +45 64 73 32 11
Fax. +45 64 73 32 38
E-mail: montana@montana.dk
http://www.montana.dk

MONTIS
Postbus 153
5100 AD Dongen, Holland
Tel. +31 0 162 377 777
Fax. +31 0 162 377 710
E-mail: info@montis.nl
http://www.montis.nl

NOBILIA
Waldstrasse 53-57
D-33415 Verl, Germany
Tel. +49 05246 508 0
Fax. +49 05246 508-117
E-mail: info@nobilia.de
http://www.nobilia.de

NILS HOLGER MOORMANN
Festhalle
D-83229 Aschau im Chiemgau,
Germany
Tel. +49 08052 90450
Fax. +49 08052 904545
E-mail: info@moormann.de
http://www.moormann.de

NOLTE KÜCHEN
Postfach 1453
D-32557 Löhne, Germany
Tel. +49 057 32 899-0
Fax. +49 057 32 899-172
E-mail: marketing@nolte-kuechen.de
http://www.nolte-kuechen.de

PACO CAPDELL–SILLALA
Partida del Bobalar, S/N
P. O. BOX 32
46970 Alacuás (Valencia), España
Tel. +34 96 150 29 50
Fax. +34 96 150 22 51
E-mail: pacocapdell@infase.es
http://www.pacocapdell.com

POGGEN POHL
D-32046 Hedford, Germany
Tel. +49 0 5221 381-0
Fax. +49 0 5221 381 321
E-mail. info@poggenpohl.de
http://www.poggenpohl.de

PREALPI
Via Pradegnan
31051 Follina (Tv), Italia
Tel. +39 0438 970277
Fax. +39 0438 971 047
E-mail: info@prealpi.it
http://www.prealpi.it

PUNT MOBLES
Islas Baleares, 48
F.te del Jarro (Valencia), España
Tel. +34 96 134 32 72
Fax. +34 96 134 32 68
E-mail: puntmobles@puntmobles.es
http://www.puntmobles.es

RAFEMAR
Apartado de Correos 98
08240 Manresa (Barcelona), España
Tel. +34 93 878 48 10
Fax. +34 93 874 50 14
E-mail: rafemar@rafemar.com
http://www.rafemar.com

RATTAN WOOD
Via S. Rocco, 37
31010 Moriago di Battaglia (Tv), Italia
Tel. +39 0438 966 307
Fax. +39 0438 966 413
E-mail: info@rattanwood.it
http://www.rattanwood.it

ROCA
Joan Güell, 211-213
Aptdo. Correos 30024
08028 Barcelona, España
Tel. +34 93 496 2300
Fax. +34 93 411 2981
http://www.roca.es

RÖTHLISBERGER KOLLEKTION
Dorfstrasse, 73
3073 Gümligen, Schweiz
Tel. +31 951 41 17
Fax. +31 951 75 64
E-mail: kollektion@roethlisberger.ch
http://www.roethlisberger.ch

ROSIÈRES–ROSINOX
23, rue Félix-Chédin
18020 BOURGES Cedex, France
Tel. +33 02.48.70.28.28
Fax. +33 02.48.70.84.26
E-mail: rosinox@rosinox.com
http://www.rosinox.com

SELLEX
Donosti Ibilbidea, 84
Polígono 26, 20115 Astigarraga,
(Guipuzcoa), España
Tel. +34 943 557 011
Fax. +34 943 557 050
E-mail: sellex@adegi.es
http://www.sellex.es

SELVA
Via Luigi Negrelli, 4
39100 Bolzano, Italia
Tel. +39 0471 240 111
Fax. +39 0471 240 112
E-mail: selva@selva.com
http://www.selva.com

SIEMATIC
August-Siekmann-Str. 1-5
D-32584 Löhne, Germany
Tel. +49 057 32/67-0
Fax. +49 057 32/672 97
E-mail: info@siematic.com
http://www.siematic.com

SIEMENS ELECTROGERÄTE
BSH BOSCH UND
SIEMENS HAUSGERÄTE
Postfach, 10 02 50
80076 München, Germany
http://www.bsh.de

SINTESIS 2
Zona Industriale Cosa
33097 Spilimbergo (PN), Italia
Tel. +39 0427 3138-3139
Fax. +39 0427 40077
E-mail: export.office@sintesi2.it
http://www.sintesi2.it

STOKKE
Apartado de Correos 181
Avenida de Vizcaya 67
20800 Zarautz, España
Tel. +34 943 13 05 96
Fax. +34 943 13 32 01
E-mail: stokke_spain@redestb.es
http://www.stokke.com

STUA
Polígono 26
20115 Astigarraga, España
Tel. +34 943 330 188
Fax. +34 943 556 002
E-mail: stua@stua.com
http://www.stua.com

TALLER UNO
Balmes 11
17465 Camallera (Girona), España
Tel. +34 972 794 127
Fax. +34 972 794 313
E-mail: info@talleruno.com
http://www.talleruno.com

TENDA DORICA
Via Brece Bianche, 95
60131 Ancona (AN), Italia
Tel. +39 071 286 17 62
Fax. +39 071 286 17 40
E-mail: info@tendadorica.it
http://www.tendadorica.it

TIELSA KÜCHEN
Postfach 3620
321002 Bad Salzuflen, Germany
Tel. +49 05222 940-0
Fax. +49 05222 940-53111
E-mail: info@tielsa.de
http://www.tielsa.de

TRIP TRAP
Havnen
9560 Hadsund, Denmark
Tel. +45 99 52 52 00
Fax. +45 99 52 52 29
E-mail: info@triptrap.dk
http://www.triptrap.dk

TULLI ZUCCARI
Via Faustana, 50 (Borgo Trevi)
06032 Trevi (Perugia), Italia
Tel. +39 0742 381 555
Fax. +39 0742 381 636

E-mail: tulzuc@tullizuccari.com
http://www.tullizuccari.com

WELLMANN INTERNATIONAL
Industriestrasse, 14-18
D-32108 Bad Stalzuflen, Germany
Tel. +49 5223 165-2940
Fax. +49 5223 165-52978
E-mail. international@wellmann.de
http://www.wellmann.de

WHIRLPOOL IBERIA
C/ Doctor Trueta 50-54
08005 Barcelona, España
Tel. +34 93 295 86 00
Fax. +34 93 221 02 89
http://www.whirlpool.com

YAMAKADO
Viaduc des Arts
65, Avenue Daumesnil
75012 Paris, France
Tel. +33 (0) 1 43 40 79 79
Fax. +33 (0) 1 43 40 79 80
E-mail: yamakad@aol.com
http://www.yamakado.com

ZANUSSI
Electrolux Electrodomesticos
España, S.A.

Calle Méndez Alvaro, 20
28045 Madrid, España
Tel. +34 91.586.55.00.
Fax. +34 91.586.56.02.
http://www.zanussi.com

ZEITRAUM
Äussere Münchner Str. 2
D-82515 Wolfratshausen,
Germany
Tel. +49 81 71-418130
Fax. +49 8171-418141
E-mail: info@zeitraum-moebel.de
http://www.zeitraum-moebel.de

ZENIA HOUSE
Avnvej 5
7400 Herning, Danemark
Tel. +45 97 22 04 22
Fax. +45 97 22 26 94

ZOOM DESIGN BY MOBIMEX
Birren 19
5703 Seon, Schweiz
Tel. +41 62 769 70 00
Fax. +41 62 769 70 09
E-mail: info@mobimex.ch
http://www.mobimex.ch